這就是德國人

從食衣住行育樂了解德式生活

圖·文◎胡蕙寧

CONTENTS> 目　錄

靠近，才會被震撼！

在進入這本書的編輯工作之前，我對德國只有模糊的印象。

除了大學時代有個朋友到德國去唸冷門的哲學，以及90年代東西德合併的國際大新聞、雙B轎車在台灣是永遠的暢銷之外，德國並沒有在我的腦海裡留下深刻的印象。但完成這本書之際，發覺自己好想去德國見識一番！

德國人的嚴謹、一絲不苟的個性，在在都對個性散漫的我當頭棒喝。他們嚴以律己、遵守法律的生活態度，的確對習於變通、好鑽漏洞的台灣人，提供完全不同的視野。也許台灣人自豪於待人處事的彈性，但跟硬脾氣、說一不二的德國人相比，在這全球化的競爭年代裡，究竟誰能佔上風？

也許看完這本書的你，到德國仍然無法適應他們的生活方式，但何妨在國內稍稍加上一些「德國風味」，試著從德國人的角度做事、思考看看，也許會帶給你截然不同的靈感喔！

特約主編　王志光

＜作者序＞

緣深果甜

我跟德國的緣分很特殊，而且始料未及。

自己的人生規劃中從來沒有出國留學的打算。卻在感情的峰迴路轉中，在當時對象的懇求下臨時決定出國，為了再給一次機會、為了可能的彌補、為了逃離已經厭倦的生活。還好手上有著長年打工的存款，就這樣在非常臨時的倉促中赴德。然後一去不返，自此未再回台定居。

我的人生在德國開始像滾雪球一般地失控。知道了什麼是妥協跟不能妥協、什麼是面對現實。我在4個月內通過德國大學所需的德語鑑定，申請並先上了海德堡大學，因承認學分問題轉去慕尼黑大學直攻法律系博士。還好當時德國大學不收外國人學費，交上一點保險費跟學生會費，再去打工付上宿舍跟生活費，居然在感情完全無法復原的平行軌道中，完成了我的博士學位。

現實環境裡，因為有一位非常好的教授Professor Badura支持我，也因為我深受德國環境與文化的吸引，稍後在所有曲折中，又離奇地遇上一位德國男友，他認為我該給他一個機會，讓他升格為人夫。在離半個地球的兩個世界中作一個未來的選擇，當然出現掙扎。最後我選擇留在德國，因為他的誠懇及許多未知的吸引。這

些未知被探索後的文字跟照片，部分就記錄在這本書中。

我在德國扎實生活的7年裡，可以區分

為學生期跟人妻期兩部分。學生期與德國教授、來自世界各地的同學、打工的同事跟德國室友們的相處讓我大開眼界，那是一個全然不同於我來自台灣的成長環境，很多問題被提出、質疑、反省、比較、歸結，這些經歷造就了現在的我，成為自我成長相當重要的一個關鍵環節。

身為德國人妻，又踏上另外一種有別於學生的全新境界。與德國公婆與親族的相處之道、在葡萄酒產小鎮的人情世故、充滿德法地緣糾結跟三代恩怨的家族歷史，讓我更深入德國社會的實際層面，從學術外的另種角度觀察德國。

德國在變，從政治、環保、平權、人口、教育、稅改、難民接納到社會融合，每天都在震盪著。連我那政治保守的鄉下公公早先還嗤之以鼻地說：「女人哪能當權？」現在也只能默認女總理連4任的事實。在這些演變中，不斷挑戰著他們日耳

◆胡蕙寧

德國慕尼黑大學法學博士與台灣首位台大經濟、法律系雙學位畢業生。曾獲勞工文學獎、寰宇旅遊文學獎。通中、德、英、台語，旅居德、英25年。曾任教職、採編、特助、德國法院暨各大特展口譯、駐歐洲特派記者。德文著有《競爭自由在德國憲法上的保障與原則》論文集，中文著《開始當記者就上手》、《法律企業家──林敏生傳》。合著《胸有成竹說成語》、中研院《管制革新》論文集。譯有《大法官之旅》。現任台媒駐歐特約作家、英國社區義工太極拳老師、老人院活動、藝術畫課、社區園丁等特助，獲頒2018年英國義工組織最高榮譽女王獎義工狀與國家鑑定社區發展證。

曼民族自認或被公認的強烈本性。不變的是他們喜好反省、勇於爭辯、勤勞實幹、認真精確的特質，這些依然存續在許多日常中，從衣食住行到育樂各方面都有。

因為工作的關係遷居英國後，我跟德國的關係卻從未中斷。不但每年都要回去看公婆、親戚，跟自己當年在海德堡的老室友都還有聯絡。有機會就上他家拜訪，看他對住房、妻小、寵物、興趣的堅持。火車狂的這傢伙不但玩火車、修鐵道，甚至在拍賣中買下了一個廢棄的舊火車站，帶著老婆小孩有空就去修牆補洞，還興致勃勃地告訴我，將來要在那裡開個退休咖啡館！

人說德國的特質之一就是長久。是的，有時候連友誼也不例外。這位一路在我人生重要時刻伸手幫我的男室友，總讓我在跟他的敘舊中感到德國人最扎實的親切溫暖，笑看著他的成長，也是探究德國的變動。在這些回訪中再來反省自己的變化，

是我人生的樂趣之一。

我下半生的文化衝擊，已經融入了一種習慣的日常。在這種日常裡不斷累積經歷，最後就是一連串可以用照片跟文字呈現出來的回憶。當初，決定為太雅寫這書是因為好玩，沒想到卻成了我個人旅居歐洲多年的見證。

這是一個生命的見證，謝謝太雅，也謝謝各位來與我共享。

胡蕙寧

PART ONE

DAS ESSEN

德　國　人　的　食

德 國 人 廚 房 分 工 鉅 細 靡 遺

把機械當玩具,基本上是德國人不分男女的天性。德國廚房裡的各式「兵器」不但是一種學問,也是一項龐大的工業。

① 磨起司、壓蒜頭、擠檸檬……德國廚房你要什麼武器都有。

②、③ 德國廚房都是整套設計,食具、桌巾、桌布、碗盤與刀叉也都講究無比。

我踏入過有如「兵器室」的德國廚房無數,總是驚見整片牆上掛滿的各式廚具,牆角接縫處還有隱藏門跟旋轉式大型鍋具櫃,腳邊廚架看似封合無縫,一碰卻處處是機關。一個德國媽媽驕傲地對我說,廚房是她「遊戲的空間」,她的廚房裡面有她所有的願望:工具多得像博物館卻不佔空間、左右門窗自動好拉可以通風過油煙;洗菜台呢,還就正好眺望著居家對面的麥田!

分工到極致的廚房兵器

德國母親得意細數「廚房兵器」的神色,我畢生難忘。食材不論果、蔬、肉、骨、醬、包、油、麵,動作不管切、洗、斷、撕、拉、拔、削、剁,形狀不計方、條、圓、扁、片、塊、絲、角,德國媽媽們都有一定的專屬用具。簡而言之,德國

人就是「有案必研、萬事必究」。他們把廚房當玩具間，只要找到人體活動必須使用到的步驟與動作，就可以研發出一種「相應器具」來把玩。目的很冠冕堂皇，就是要人省時省力，動作方便，操作簡易。

像是切個德國麵包，工具就多到可以寫書，不但刀子分大小，鋸齒也分胖瘦深淺。除了大小鋸麵包刀，有些家庭長年使用的是切麵包機，用旋轉齒輪來切鋸，這不但可以調厚度寬薄，也不會太花力氣。鋸肉也是，帶骨的有鋸肉機，不帶骨的有絞肉器、肉絲機。起司研磨器也是廚房的通用道具，因為德國起司的種類很多，軟硬度差異相當大，於是切起司除了用刀之外，根據所需形狀要粉、要絲、要條、要塊，切個起司的學問就可以讓你研究得很痛快。

> 德國人把廚房當玩具間，任何步驟動作都
> 可以研發出一種「相應器具」，讓人省時
> 省力、動作方便、操作簡易。

自製麵條也很好玩。有些是用轉動式麵條機，也就是把揉好的麵團先用麵條機壓扁，然後再用同機器切絲。我婆婆家鄉用的更古老，那是一種手壓式的重型漏孔，把麵團揉好放入漏孔上端，上頭重蓋子用力壓下來，麵團過孔就成條落出，直接進到滾熱的燙水中，絕對新鮮好口勁。更別說是做蛋糕、烤麵包、自製烘餅或磨咖啡，德國工具王國的響亮名號，真的不是隨便說說而已，要看證據，進廚房就行！

鉅細靡遺的廚房規矩

我所認識的德國人家要換廚房都是整套換。也就是一次請專家來作整體設計，從上到下到所有廚房的必備設施依照貴府廚房大小，在一定預算下做全體空間、色系、設備地全套更新。所以一進入德國廚房總會覺得設計得當，抽風機、爐具、烤箱、櫥櫃、冰箱、垃圾桶、工作檯都有相容又合適的完美空間，讓廚師在裡頭不會因為突兀裝置而撞頭踢腳。

德國媽媽的食具也講究整套，還要清潔工整地配桌巾、桌布、碗盤與刀叉，色系不協調不准上桌去。要了解德國人的條理與堅持，從廚具就可以看出一二。德國廚房的兵器大觀告訴你，在一個講究道具與方法的國度裡，再細微的舉動都可以化為機械哲理。嚴格來講，德國人就是可以用最複雜的道具來煮最簡單的食品。至於口味，那就要看各家名廚的功夫嘍！

1. 德國主婦喜歡用木製廚具，洋洋大觀一看就移不開眼睛。
2. 蓋頭式咖啡壺保溫套，冷天的咖啡也可以多暖一下。
3. 拿取煮熟的白蘆筍要輕柔，貼切的蘆筍夾自然少不了。
4. 麵包機平常藏在抽屜裡，要用時隨手架上，想切多厚多薄都沒問題。
5. 德國廚房的爐子多美麗，光滑平坦又好清理。

德國人吃煮蛋的超級四部曲：

1.> 開蛋器端上檯面來。
2.> 選取盛蛋器上躺好的煮蛋尖端一頭「開蛋」。
3.> 灑入適量的鹽與胡椒粉，用小湯匙挖取食用。
4.> 最後蛋殼完好地，用美麗的面容進入儲餘垃圾桶！

 →  →  →

① 德國人的宴客大餐，沒刺無骨好入口可是重要訣竅。

見不著骨與刺的德國餐桌

德國人吃的一點都不複雜，但是一定要有「規矩」。不但硬體要求排列整齊，連菜色內容也有一定的習慣與要求！

　　相對於廚房機械的複雜性，請德國人吃頓飯就不算是一件太具挑戰性的事情。德國人吃的一點都不複雜，要複雜也不過是主菜之前加個湯跟沙拉，飯後多個甜點或雞尾酒而已。剛到德國被款待時，以台灣舌頭的宴客標準，很驚訝德國人待客桌上的「簡素樸實」。而我認識的幾位德國法律系教授從台灣旅行回來，掛在嘴上的鐵定是：「一大桌的菜呀，十幾種呢，都不知道該從哪一種開始吃啊！」宴請過德國人的台灣同學也幾度告狀：「怎麼德國客人會認為太多主菜而『不知道該怎麼下手』呢？」

簡樸的宴客風格

　　德國人生性節省，耿直不搞花樣，即使吃食也一樣。德國朋友請吃飯通常是沙拉，再加主食一道，甜點在後，量一定

夠，但是很少有像台灣一般的十多樣讓人挑。以我家鄉的宴客標準，台灣人的宴客菜對德國人來說都太多，多到不知如何下手。而這個「不知如何下手」除了彰顯出德國與台灣完全不同的飲食、宴客跟上菜法則，也再度點出德國人的條理性。如果主食有好幾道，德國人是會一道一道上，吃完這道才上下一道；否則以台灣的「亂數快熱上菜法」，確實是太挑戰德國人的循序漸進了！

挑「食」不「挑食」的德國人

德國人吃飯簡單，不見得就沒有「規矩」，我在第一次請客時就發現了玄機。雖然這位德國室友事前強調他可不「傳統」，見過了一些「世面」，葷素不忌，最好來點我的家鄉味。於是我上了鹽酥蝦、麻婆豆腐跟酸菜肉絲，那位學機械工程的德國室友帶了一瓶白葡萄酒出席。結果，鹽酥蝦就令他吃驚，說「沒看過帶殼有腳的蝦」，當然也不知道該如何去殼剝蝦。麻婆豆腐呢，把他嗆咳得眼淚鼻涕直流，從此我知道，德國人真的很不能吃辣。最後只有酸菜炒肉絲了，他眼紅鼻嗆地直誇這道菜好吃，而也就那一道菜他能吃了。

難怪德國市場裡的魚頭、豬蹄、雞腳不是賤賣，就是根本當廢物處理。德國人說到吃，最好是有殼有骨的都不要，直接從盤子入口就能下嚥的最好。有腳的也不行，不管是雞腳、鴨腳或豬腳。內臟也千萬不要上桌，有頭、有刺的更必須剔掉。他們的舌頭從小沒有經過「挑骨」訓練，這些東西入口都難以下嚥。我家德國相公第一次跟我回台灣見爹娘，就因為一口魚刺讓他咳了20分鐘，嚇得我阿嬤差點叫救護車呢！

① 德國婆婆60大壽的宴席上，眾親友一起愉快進食的模樣。

宴客禮儀一點不能少

　　德國人宴客禮儀會在事前問客人是否素食、能否吃辣、有無不吃或過敏的食物，而客人的禮貌則是問要帶什麼禮。德國人通常很直接，也許會要你帶一道點心；說什麼都不必帶的，還是帶一兩瓶酒赴宴吧！德國人習於規劃得仔細，在正式邀請函中尤其看得出來。邀請函內不但會說明受邀對象、原因、舉行地點，甚至還會加上地圖以及想要過夜的附近旅館電話，另外加附回條，請受邀者及早告訴主人會不會缺席，鉅細靡遺。

東西慶生大不同

在德國有項生日宴會的忌諱，那就是不提前祝賀，傳說提前會帶來不幸。再者，在德國打嗝是一件很沒禮貌的事情，尤其是張著嘴打出聲音。德國人在公開場合打嗝一定會轉頭捂嘴，打完後還說對不起；但是公開大擤鼻涕對德國人來說似乎就沒關係。我在海德堡大學的憲法學教授就對著麥克風，頭轉也不轉地跟台下的300名學生大擤鼻涕，看得外國人都目瞪口呆。

學德國人吃大餐

▶▶ 典型的德國正式餐點

1 湯跟沙拉當正餐前的開胃菜，在德國的正式餐點中很平常。

2 開胃之後一道一盤餐當宴客的主食，在德國的餐桌上花樣挺多。

3 甜點必須美觀大方，但這可能不是最後，因為之後還有咖啡糕點等著待客喔。

▶▶ 德國人的宴客禮儀

1 桌面保持美觀整齊。

2 事前問客人是否素食、吃辣、有無過敏食物才擬定菜單。

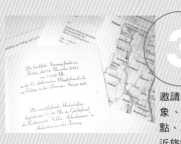

3 邀請函中說明受邀對象、原因、舉行地點、地圖，並加上附近旅館的電話。

4 一道一道上菜，好讓客人循序漸進。

德國人把麵包啤酒當度日寶

德國人的主食是麵包，加上搭配麵包的香腸與啤酒，幾乎就可以描繪出德國人日常食物的群像。

① 在辦公室裡的生日或結業小慶，麵包也是典型的上桌佳餚。
② 巴登弗騰堡邦加各種不同藥草烘製的小圓麵包，在其他各邦的名稱都不一樣。
③ 鹽捲麵包是南德典型配啤酒的點心麵包，10月啤酒節裡還特別把它做得超大。

麵包在德國人的桌上，不僅是形狀、口味差異大，還分成主食麵包與點心麵包。而各邦地區之間也另有麵包特色，一跨邦越界就可能看到不同的麵包種類，不小心叫錯名字還會被糾正。像是北邊柏林加果醬的小甜麵包叫做「Berliner Pfannkuchen」或是「Krapfen」，你在德國南部要找這種小甜麵包說「Berliner」大家都懂，但是到了柏林你要是這麼說，馬上就會引起一陣鬨笑，因為當地人只稱之為「Pfannkuchen」；而偏偏「Pfannkuchen」在南邊可是被當成油煎薄熱餅的。再如鹽捲麵包「Brezel」則是南德典型配啤酒的點心麵包，10月啤酒節還會把它做得超大，好讓來客配上超大杯啤酒。

以厚實聞名的德國麵包

德國人很喜歡全麥麵包，加上裸麥麵包、酸黑麵包到鹽捲麵包，德國麵包可以叫出名字的估計超過200種。而要求原味不加料的主食麵包，可讓剛到德國留學的我對其之「厚實壯大」嘆為觀止。這類麵包就像德國人的脾氣一般殷實，用切不只太客氣，還根本不可能，不拿出鋸刀來根本很難劈開。

德國的麵包店多在非常早的清晨就開始

烘焙，堅持當天烘焙當天食用是最受歡迎的德國麵包原則。但是主食麵包做得巨大，連吃個2、3天其實是沒問題的。只不過德國天氣乾，貯存麵包最好別放在空氣裡，特製的木頭麵包箱就是德國人最好的選擇。在喜歡早起工作的德國勤勞生活中，吃一頓厚實麵包當早餐是一個重要的好開始，因此不論冬夏，在德國到處可見清晨猛騎著腳踏車的人，衝出門去買新鮮麵包的群像。

在喜歡早起工作的德國勤勞生活中，吃一頓厚實麵包當早餐是一個重要的好開始。因此不論冬夏，在德國到處可見清晨猛騎著腳踏車的人，衝出門去買新鮮麵包的群像。

麵包加啤酒，串起德國人生

德國人習慣中午吃熱食，幾乎在各個工作場所都有員工或大學餐廳，不到12點就看到大排長龍的人拿著餐盤買餐去。而晚餐呢，很多德國家庭是冷食主義，甚至德文的晚餐意思就是「晚麵包（Abendbrot）」，所以桌上會放什麼就不必猜了。德國人吃麵包的方式就是「疊床架屋」。程序一般也很清楚，拿出所有要吃的攤擺在桌上，切片硬麵包、塗上奶油、疊上起司或香腸片，偶爾可能換點洋蔥、青椒在上面。麵包可以變、起司與香腸也可以換口味，但形式都一樣，一層層地往上疊架。

最受德國人歡迎的搭配飲料就是啤酒。據說全世界每3間啤酒廠就有一間在德國，而德國在西方的外放殖民時期，每到一處殖民地的首要施政計劃裡，一定有蓋啤酒廠。德國啤酒捧場的當然都是男性，口味從重到淡都有，而女性如果愛喝啤酒，一般都偏向淡口味的居多。相對於約75%的德國男性有固定喝啤酒的習慣，德國女性則僅有29%。這比西班牙、英國女性喝啤酒比率高達40%的都低。於是德國也出現所謂的「健康啤酒」來搶攻女性市場，據說是有人用之來取代安眠藥幫助入睡。像是以Karla啤酒為例，業者就宣稱該啤酒可以安定心神，內含草藥且酒精濃度僅有1%。

無論如何，啤酒就是德國人飲食生活的寫照，一啤在手消疲解憂。

形形色色的德國啤酒

德國啤酒的學問可不下麵包，從北到南各有愛好。像是由特定小麥做成，泡

① 德國主食麵包的「厚實壯大」，不拿出鋸刀來根本很難劈開吃下。
② 最受德國人歡迎的飲料搭配就是啤酒，還一啤在手樂無窮。
③ 在德國，有人喝啤酒喜歡用傳統的加蓋啤酒杯。
④ 這是德國酒館前的啤酒標示，通常一看就知道其專賣的啤酒種類。
⑤ 德國啤酒的學問可不下麵包，從北到南各有喜好。

沫很多的皮爾斯（Pilsener簡稱Pils），
一杯要至少7分鐘才能裝滿杯子，亮黃
色棕，苦卻不澀，很受北德人的喜愛。
阿爾特「老（Alt）啤酒」很像英國的
麥啤酒（Ale），色深味苦些。通常德
國啤酒越往南走酒精濃度就越高，像是
「柯爾續啤（Koelsch）」、「外銷啤
（Export）」等，到了慕尼黑啤酒聖地安
戴客思（Andechs）所喝到的「波客啤
（Bock）」，色黑、味強、入口甜甘，酒
精濃度可高達10%呢。

德國白啤酒（Weissbier）則有色
清白啤（Kristallweizen）、色濁白啤
（Hefeweizen含酵母所以濁，味稍重），
與色深白啤（Dunkles Weissbier，味最
重）之分。這些小麥釀製的白啤酒口感甜
些，據說較適合不愛苦啤酒的人。黑啤酒
（Dunkles）經二度發酵，對德國人來說
口感也算甜。「騎車人（Radler）啤酒」

在南德尤其盛行，它由啤酒與檸檬汽水混
製而成，比例各酒館不定（也看酒保心
情），酒精濃度低些，喝了之後據說連騎
自行車都沒問題的。

德國人釀的世界級好酒

德國人好菜上桌，美酒一定相伴。吃調味重的大肉配紅葡萄酒，啖口味淡的鮮魚上白葡萄酒，法國美酒世界知名，德國好酒也很道地。

釀好酒的必要條件

德國酒的評鑑過程十分嚴謹，在販售前必須報請地區葡萄酒協會評估，獲得官方評選號碼後才可以上市出售。如果也得到品質檢驗證明書，就可以參加該年度的邦地區酒品競賽，被評為4.5到5級數的酒將獲得金牌。

我家德國老爺的一位近親姑丈鮑爾（Paul Schuler）是德國諾以威爾城堡知名的老釀酒師，長年釀酒得獎經驗豐富。在他的引介下，我得以到諾以威爾城堡釀酒廠（Weingut Schloss Neuweier）拜訪。該酒廠的「金窟」名酒曾拿下德國聯邦瑞斯林種（Riesling）葡萄酒競賽的首獎。

鮑爾強調，好葡萄是釀製好酒的基本要件，再來就是釀製程序，前後相輔相成，缺一不可。根據他一生的釀酒經驗，酒精純度約11%的紅酒是在橡木桶中、白酒則

> 釀酒跟通用法則沒關係，靠的就是好經驗。如何應付突發狀況做個案處理，才是釀酒的最大挑戰與樂趣。

在高級優質鋼桶裡釀製。酒精純度更高的香檳酒類（Sekt）則「每一瓶都被當成精品」般單獨對待，發酵後必須存放24到36個月才能再做個別處理。正在發酵中的香檳酒還有爆炸危險，接觸時都必須做好防護裝備。

我們進入酒廠地窖看製作過程，鮑爾展示說等香檳酒發酵完成時，必須把酒瓶倒置冰凍，藉此取出掉落到瓶頸的游移物後再封瓶。就因為香檳的每一瓶都是個案，所以才珍貴無比。鮑爾透露說，要酒好，葡萄榨汁後的篩選是重大訣竅。他認為初步榨葡萄汁一定是粗篩，以避免濾掉葡萄果實的精華；他釀製的好酒都是到最後才細濾的，而至於何時是「最後」，又到底要「多細」，那就屬於不可告人的職業祕密了！

看天臉色釀冰酒

在室溫10度以下，瑞斯林酒種的葡萄酒約可以存放10到30年。冰葡萄酒（Eiswein）也是一絕，釀製該酒的所有種地都要先向官方登記，因為德國政府要控制葡萄延後收割的品質。這種酒是跟天氣下賭注的，收成期間不是一般酒種的收割時間，法律規定要等到攝氏零下7度時才准收割，據說這種延時會讓葡萄果實積聚更多的甜份。但是葡萄果實拼霜降，後者萬一遲遲不來，前者耐不住就熟透落地，於是冰酒計劃還沒開始就泡湯了！正因為冰酒拼天氣的風險太大，廠方只會做一點來拼業績，而一旦做成，價位也就當然了不得。

鮑爾說釀酒跟通用法則沒關係，靠的就是好經驗。每年的雨水、溫度、陽光都不同，葡萄收成的果實也有差異，發酵、存放、封瓶的步驟中更是容易發生意想不到

Do you know......

鮑爾的品酒術：

1.> 倒上一杯好酒，握著杯腳先觀察酒色。握杯腳是為了避免手溫影響杯中的酒溫，這也是高腳杯的設計所在。

2.> 其次是將酒置於鼻前聞香，這時可以輕晃酒杯釋放久封的香氣。

3.> 再來是入口一小啜，在口裡一含一放，舌頭舌根一繞，再慢慢地吞入喉中。

這之後喉根與舌頭就可以當評審，細品酒中果香的濃烈，以及酒師們辛苦一年的酸澀。

紅白酒飲用小建議：

德國人喝葡萄酒也有規矩，像是紅酒開瓶後要等上一陣子讓酒「醒」，白酒喝之前要先入冰箱「冰」，據說如此才特別好口味，入喉特甘美。』

的事情。如何應付突發狀況做個案處理，才是釀酒的最大挑戰與樂趣。

　　像是熱昏歐洲的2003年，好日照讓夏天的葡萄早熟2到3週，甜度夠就可以早釀酒，而酒廠的作業就要整個提早啟動。但是在地質乾的葡萄園，新栽葡萄深根不足，就可能發生汲水不足的危機。為了維護所有葡萄的圓潤汁甜，果農必須要有所因應。而早熟的果實也表示耐不到冬初，所以也別夢想撐到零下7度釀冰酒。這些應景措施就像打仗，領軍的釀酒師要一步步拆招應戰。

◎德國諾以威爾城堡釀酒廠

http://www.weingut-schloss-neuweier.de

（德文）

① 德國諾以威爾城堡釀酒廠現場目擊。

② 鮑爾認為葡萄果好，是釀製葡萄酒的基本要件。

③ 諾以威爾城堡釀酒廠的白酒在高級優質鋼桶裡釀製。

④ 酒精純度約11%的紅酒是在橡木桶中釀製。

⑤ 香檳酒類每一瓶都是精品，發酵後須存放24到36個月後才能再做個別處理。

⑥ 酒廠裡人工精簡但是效率挺高。

⑦ 鮑爾（Paul Schuler）是知名的老釀酒師，得獎經驗豐富。他正熱情地介紹著地窖香檳的釀製與品酒室。

⑧ 該酒廠名酒不少，得獎連連。

德國糕點，
甜嘴更甜心

在德國生活的另一項重大衝擊，就是
遭逢「甜點文化」的禮遇。不論是
生日、宴客、受邀、友聚、結婚、畢
業各種大小理由，蛋糕都是少不了的
「快樂甜心」。

❶ 不論是生日、宴客、結婚、畢業等各種大小理由，在德國「甜點文化」的禮遇下，蛋糕都是少不了的「快樂甜心」。
❷ 我們結婚後的囍宴上，德國各家姑婆姨媽們帶來的自製蛋糕，型態豐美又誘人。

初嘗德國甜心滋味

我初次嘗到蛋糕的「甜頭」是在跟枕邊人熱戀時。相見的日子每到下午時分，他就會提議：「來喝個咖啡吧！」那時候當學生的他不論外頭下雪下霜，都會戴起頭套手套騎上腳踏車，到巷子口的糕餅店選兩塊蛋糕，好好地包在精美的包裝紙中，以高超的技術單手騎車捧回來。在這種甜蜜的經歷中，開啟了我對德國蛋糕永難抹滅的美好印象。

結婚後的囍宴又是一驚。我們原來不鋪張的婚禮很簡單，兩個人都忙著畢業，沒空理會婚宴。但是公婆半年後卻堅持要補請。我們奉命出席的那天，最讓我眼睛一亮的就是各家姑婆姨媽們帶來的自製蛋糕。我們不收禮，她們就用蛋糕來表達祝賀的心意。蛋糕陣容在餐後一字排開，一共12個，有黑森林蛋糕、巧克力堆雪糕、

草莓蜜汁糕、甜梨香草糕、果乾百合糕、起司糕、桂花糕、杏仁糕……，型態豐美又誘人。

據說，獻上結婚蛋糕是祝福新人婚姻甜蜜、未來幸福的意思。而新人切蛋糕與客人分享，則表示著希望將這份甜蜜的幸福與所有來客同享；同樣地，生日祝賀也是用蛋糕來表心意。這些蛋糕是不會重複的，因為她們各家會在事前通電問好，你要做哪一種那我就不做這一種，你上次做過這種了，這次換我來做做看，所以絕對不會「撞糕」。德國人珍愛蛋糕就有如珍愛歡樂的氣氛，他們是絕對不會拿辛苦做成的好蛋糕來砸臉開玩笑，還每次看到英國人這樣惡搞都會皺眉頭的。

德國蛋糕的分類

德國蛋糕分成普通蛋糕（Kuchen）與鮮奶油蛋糕（Torte），前者通常烤出來就直接吃了，像是果乾蛋糕、巧克力蛋糕、檸檬蛋糕。後者則是將乾蛋糕切薄層，中間不同層次加上鮮奶油、鮮果或果醬地疊上去，表面還做上鮮奶油花裝飾，像是黑森林蛋糕。鮮奶油蛋糕比普通蛋糕作工細、花樣多，在婚宴慶典上特別受歡迎。而德國蛋糕也是有「品管」的，像是黑森林蛋糕的鮮奶油與櫻桃部分，就講究著一定的比例，甚至連櫻桃要泡酒精多久才能使用，都有「專門規定」。

節慶當然也有節慶糕點，耶誕時節在德國就有「耶誕長糕（Christstollen）」，也簡稱為「長糕（Stollen）」，由白麵粉皮裹著顆粒乾果烘烤而成，上頭灑上濃花的白糖霜象徵雪霜。乾果可以是葡萄乾、杏仁果或是任何自己喜歡的果實。耶誕長糕內容厚實、耐放耐嚼，看到這種長糕就知道耶誕節到了。

> 德國人珍愛蛋糕就有如珍愛歡樂的氣氛，是絕
> 對不會拿辛苦做成的好蛋糕來砸臉開玩笑的，
> 還每次看到英國人這樣惡搞都會皺眉頭。

新鮮手製，德國人的最愛

介於蛋糕與甜點之間，形狀跟耶誕長糕長得很像的還有一種德國果餡卷（Strudel）。這種果餡卷熱食最好，另加香草醬熱呼呼地澆在上頭，飯後代替蛋糕當甜點吃，在南德與奧地利特別流行，尤其是蘋果、櫻桃果餡卷。有些特別鍾愛這種果餡卷的人家，還將其內容由甜轉鹹，改成蔬菜或香腸餡卷，這時候的鹹卷就不再是甜點了，搖身一變提早上桌，以大牌正餐的姿態問世。

德國蛋糕的內容充實卻不甜膩，材質自然精緻，自家花園種的果實很容易就入味成糕，還絕對現打手製。我的德國婆婆做蛋糕就很有季節性，花園裡有藍莓就出現藍莓蛋糕，產紅莓就有紅莓蛋糕。有時候像大芹菜的酸大黃（Rhabarber）成熟時，桌子上立刻就會端上烘得香氣濃郁的鮮大黃蛋糕。講究新鮮是德國人的蛋糕原則，吞入的正是一口口節氣的香氣與喜悅呢！

德國蛋糕品管嚴格

在德國最受喜愛的奶油蛋糕，應該算是黑森林奶油櫻桃蛋糕（Schwarzwaelder Kirschtorte），這種蛋糕從1930年代開始在德國風行，歷久不衰至今，每逢節慶大典，看到這種蛋糕上桌就聽得到快樂歡呼。很多外國人更乾脆將這種蛋糕直呼為「德國國糕」，世界知名。德國正宗黑森林蛋糕品管比例嚴格，由現作的巧克力蛋糕墊底，上面鋪有長時浸泡過葡萄酒的新鮮櫻桃以及現打鮮奶油，有些人還會在外表做櫻桃花或鋪巧克力碎片點綴。所以這種蛋糕入口一定要有迷人的酒味，否則就不夠正宗。配咖啡配茶都很適宜，之後酒香繚繞，很有助於歡樂氣息。

圖中櫻桃泡了14個月的酒才出爐使用。

1～4 德國鮮奶油蛋糕種類繁多，主婦的巧思都在
　　 其中，香氣濃郁又喜悅滿溢。（1是奶油巧
　　 克力粉球原子蛋糕，2是鮮杏果咖啡球奶油
　　 糕，3是鮮奶油碎巧克力花糕，4是立體焦糖
　　 餅咖啡糕）

5 德國普通蛋糕（Kuchen）烤出來就直接吃了，像
　 是這種果乾蛋糕。

6 朋友敘舊來塊蛋糕，是德國人典型的招待方式。

耶誕德國「味」飄香

德國的耶誕也是有「味道」的，精華正是肉桂、丁香與茴香。這3種被號稱為「耶誕佐料」的草藥，根據醫學考證非常有益消化，對於耶誕時連日不休的大吃大喝，可有助於腸胃健康。

一到耶誕季節不僅是超市裡、麵包店會傳出溫暖的氣息，在德國廚房的空氣中，這類「耶誕味」更會在食物與嗅覺上創造出該有的耶誕香。

耶誕最受歡迎的糕餅屋

「雷伯餅（Lebkuchen）」在德國的耶誕就會上場。這種在各種市集上做成心型的節慶餅，一到耶誕季節就搖身一變，換成耶穌基督一家的馬槽或者是童話故事裡的糕餅屋。雷伯餅在德國各邦的稱呼、形狀可能都不同，裡頭的巧克力、果醬、核果、杏仁乾果要多少，就看各家德國母親的隨意。在瑞士的雷伯餅還流行貼上耶誕老人像，每到耶誕節就會託耶誕老公公的福，在大街小巷裡大賣特賣。

雷伯餅中加入的小荳蔻（Kardamom）也有消化功能，有些家庭會在這種甜餅中再加入荳蔻衣（Muskat）的味道，據說可以振奮情緒。受歡迎的薑餅在耶誕季節也會出現，一些德國家庭會挑選它來當作耶誕晚餐之後的伴嘴甜點。

節慶中的重要豬肉製品

除了香料糕點外，德國人主食很重視肉類，尤其是豬肉，在耶誕節也很容易上桌。相對於英國人嗜好的牛肉，德國人吃

① 德國的耶誕節也顧及視覺效應。

② 德國耶誕大街小巷總是節慶氣氛濃厚。

③ 婆家千年不變的耶誕大餐就是煮兔肉，澆上口味很好的滷肉汁，佐菜是家鄉粗瓣蛋麵條與烤白梨。

④ 耶誕味覺從糕點到正餐，一樣也不能減。

豬的方式多又頻繁，但都跟德國人的脾氣一樣，煮得很徹底。而豬肉除了直接食用外，也大量用來製作香腸、火腿。德國香腸、火腿粗細胖瘦種類繁多，在各種節慶裡，德國人的快樂就是去排隊買個香腸夾麵包來解饞。德國香腸也是種類多到數不清：咖哩香腸、法蘭克福臘腸到黑血肥腸，各地各家各有喜好，冷熱吃都上道。因應香腸而來的各式傳統主食，在節慶中也一直是德國人的最愛。

耶誕大餐在德國不像英美一般，老把火雞當主流。我認識的德國人家喜歡在耶誕晚餐上變變口味，也許燻魚、烤鴨、或是滷雉肉。而我婆婆家千年不變的耶誕大餐就是公公屢吃不膩的煮兔肉。婆婆的兔肉先煮爛熟，然後澆上口味很好的滷肉汁，佐菜是沙拉、家鄉粗瓣蛋麵條與烤白梨。白梨用的是罐頭甜梨，已經削皮後對半切開，婆婆會在挖空的核心填上果醬，送進烤箱小烤弄熱。

❶、❷ 德國耶誕不只是視覺感不同，「耶誕味」更會在食物與
嗅覺上創造出該有的耶誕季節香。

延續近一個月的耶誕慶典

德國的耶誕節其實從12月6日的聖尼古勞斯節（St Nikolaus）就正式拉開序幕。各家德國媽媽從這個時間起就開始為耶誕節烘焙各類的小糕點，上頭有著不同的糖霜或果醬，造型也精緻異常。這些小糕點還具有社交意義，幾家熟好的鄰居、親友會互相交換品嘗，好吃滿意來年就相約再換一場。每次我們從婆家度完耶誕回家，通常都會得到一大鐵盒的耶誕小餅乾當禮物，吃到過完年還讓齒間耶誕留香。

除了色香味之外，德國的耶誕節也顧及視覺效應的。他們會在門前擺上花環裝飾，給家裡的孩子掛上耶誕倒數月曆，讓他們每天可以挖開數字標示的小門，取出裡頭的巧克力或小驚奇來開心。還有蠟蠋花環也很溫馨：壁爐或餐桌上放的花環有4角，共可以點上4支蠟燭。這將從耶誕節之前的4個週日開始點，每週日1支，等到4支蠟燭都點齊時，孩子們期待的大日子就輝煌降臨了！

> 德國的耶誕蠟蠋花環可以點上4支蠟燭，
> 從耶誕節之前的4個週日開始點，每週日
> 1支，等到4支蠟燭都點齊，孩子們期待
> 的大日子就輝煌降臨。

Step by step

一起感受德國耶誕氣氛

1

掛餅

「雷伯餅（Lebkuchen）」在德國耶誕不可或缺，從糖果屋到市集上做成心型販賣的都到處可見。

2

上月曆

德國耶誕節會給家裡的孩子掛上倒數月曆，每天挖開數字小門取出小驚奇。

3

點蠟燭倒數計時

德國耶誕的蠟燭花環以耶誕前的最後四週倒數，當四角的蠟燭都點齊時，就是耶誕時分到。

德國有機風潮，環保又健康

德國的有機食品在歐洲名號強，不只是有機農場與商店產銷連成一氣，連「有機菜單」、「有機餐廳」與「有機旅館」都趁熱推出，即使出遊也能「到處有機」，減少被化學有害食品荼毒的危機。

踏實地實踐有機理念

「吃得健康」近年來一直是德國人講在嘴上、提在心頭的生活目標之一。我的德國夫家喝蘋果汁都是自己到工廠買回來，果汁保證絕對鮮搾，瓶子還回收再用。公婆住的村莊不但知道所用食物的來源，也知道販賣人家是怎麼飼養或栽植的。公公就說雞隻不能跑，下的蛋怎麼吃？魚知道怎麼養，吞下去才安心。我認識的幾位德國母親也都「綠」得很，不但堅持只買有機食品，有花園的甚至自己種菜養雞，吃的都是自家雞隻下的雞蛋，絕對保鮮，飼養過程毫不採用化學添加品。我的德國婆婆也收集廚餘，然後一起拿去餵隔壁鄰居養的那一群雞。

德國人相信食物鏈連環相扣，人類惡整土地最後殘害的就是自己。人類癌症數字高升，狂牛症、口蹄疫、SARS等怪病連番

德國人相信食物鏈環環相扣，人類惡整土地最後殘害的就是自己。人類癌症數字高升，狂牛症、口蹄疫、SARS等怪病連番上陣，德國人篤定這就是整個「生物鏈失控」所致。

上陣，德國人篤定這就是整個「生物鏈失控」所致。

　　所以如果人們只重視食物鏈中的某一環，根本不足以防控大量使用化肥所造成的地球損害；而隨便對自然農產作基因改造，更讓德國人覺得是「恣意更改自然」。歐洲聯盟對基改食品爭議多年，在2017年才較為鬆綁，通過會員國可自行選擇是否種植或禁止基改作物(GMO)的規定。歐洲食品安全局(EFSA)雖發表基改作物無害的研究報告，但會員國內依然意見分歧。部分國家對此雖無種植禁令，卻也不鼓勵種植。就算有國家種基改玉米也僅用在牲畜飼料，並非給人食用。

① 「吃得健康」一直是德國人講在嘴上、提在心頭的生活目標之一。
② 德國的有機食品在歐洲名號很強，直銷盛行。
③ 我的德國公婆以自種蘋果，跟果汁廠交換果汁，瓶子全都會回收再用。
④ 德國人認為牲畜都是活口，也該有自己的活動空間吃健康食品，這些雄壯雞隻正在吃婆婆餵的廚餘。

五花八門、目標一致的有機產業

德國人從生產到銷售都有自己的有機管控之道，像「有機耕地（Bioland）」就是一個這樣的連鎖組織。它們奉行「循環經濟作物學」，耕作中決不採用易溶解氮肥、合成農藥或殺蟲劑，飼養牲畜也依一定換算標準限制數量，好讓動物們都有足夠的空間「活動筋骨」。德國人認為牲畜都是活口，也該有自己的活動空間吃健康食品，否則吃牠們的人類，最終也將大難臨頭。

有機畜牧強力禁絕任何抗生素與荷爾蒙注射以強化牲畜繁殖，在任何染病的情況下，也都採用自然療法與順勢療法來治療病畜。德國有機的上游涵蓋範圍非常廣，從傳統的農業與乳酪品業，到蘑菇廠、養蜂場、飼料場、養豬戶、釀酒葡萄園、蛋雞場、藥草農場與花卉種地都統含在內。通過申請核准後，所有超過4500戶的有機成員都必須將耕地與牧場完全轉植，不可以只進行部分生產的更動。之後還要接受不定期，以及不事前通知的抽查。

德國有機食品是整個歐洲品管最嚴格的系統，業者在1年之中都會遇上至少1次的外來抽檢。如果被發現有違反指令的情形，輕者警告申誡，中度者部分抵制銷路，嚴重者可能退會除名，以後不准使用有機標籤，產品下架處理。

德國有機耕地協會裡除了正式簽約的會員之外，還另外加收非正式簽約的贊助會員。直屬農牧場多採對終端消費者的直銷方式。熟客們會自己開車到農家直接採買，轉銷是次要手段。有機觀念的推廣還包括理念的推動，只要向協會登記就到府實地示範。德國有機推動者的目的就是希望在人人都關注健康下，還

① 強調自家栽植絕無化學污染的食物，在德國都很受歡迎。
② 自家農耕的廣告招牌，強調此處所出食品絕無化學污染。
③～⑤ 德國主婦喜歡自己孵苗種菜養鵝，如此吃得安心身體好。

給自己與地球一個「人性與環保協調」的生活空間。

◎網站推薦

http://www.bioland.de/bioland/startseite.html

對德國「有機耕地（Bioland）」有興趣者，可由上列連結其德文網頁。

德國雞蛋驗明正身有標記

在德國買雞蛋是馬虎不得的，市場上販賣的雞蛋都裝在硬紙盒中，通常分為6、10或12個一盒裝。紙盒上不但會標明這是飼料雞（不運動的）雞所下，還是野地雞（在外頭亂跑有運動的）所出產，每個雞蛋上還都印有紅色字串，這可是每一枚雞蛋的身分證明編碼，可分為3組，依序代表母雞的飼養方式、出產國家與飼養處所。

第一串數字標號為0到3，0代表的是「自由蛋」，表示生這枚蛋的母雞平常就跑在大自然裡，覓食自由不吃化學添加劑。這種雞也不打預防針，除了患病。1號蛋的母雞是養在露天農場，自由覓食搭配人工飼料與定期預防針伺候，有固定雞舍回去睡覺。2號蛋的母雞是被圈養的，3號蛋最糟糕，母雞完全生活在籠子裡無法外出運動。德國人通常是不買3號雞蛋的，最貴的當然是0號的「野雞蛋」。

第2串數字是雞蛋的出產國。德國代碼是DE，義大利是IT，比利時BE，荷蘭NL，法國FR等各有編碼。最後的一串數字代表出蛋的養雞場。所以一旦出事可以馬上追溯原場，看問題出在哪裡。

魔法先修，看德國的藥草經

講究健康的德國人崇拜藥草是很邏輯的。傳統的一些藥草祕方除了著作成書，在各家德國媽媽的手中更是口授祕方傳世代。從治病、調身、香劑、化妝、佐料到飲用，藥草功能數不盡。

① 藥草香菜冷藏法，可以讓德國太太一年四季都有香料可用。
② 傳統的藥草秘方在各家德國媽媽的手中是世代口授的。
③ 紫得誘人的薰衣草不論茶飲、精油或浸泡都得宜。

在德國生病沒有醫生處方，很多成藥是不能亂買的。德國醫生開藥很小心，開出來的劑量通常也很小。而醫生自己生場小病呢，最通常的方式就是多喝白開水多睡覺。鼻塞頭痛等等病症，我會看到德國人燒一盆熱水，裡頭放入特定的藥膏或精油，毛巾一撲把整個頭跟臉盆都蒙住，就在裡頭猛吸熱氣治療，這種方式據說對於暢通鼻喉到肺腔很有幫助。

歷史悠久的藥草療法

其實藥草被用來當作療劑，在幾世紀之前就有了。許多修道院中自己栽種的花園裡，藥草通廚房也通醫療室，在許多文獻上都可以找到蹤跡。現在經過科學研究證實，更發現藥草從抗憂鬱、病菌、防腐到增進荷爾蒙等，具有許多強身功能。

由於化學藥劑副作用不少，從上世紀末

開始，藥草學就搭上自然療法的復興而重新抬頭。在反化學藥劑的思潮下，搭配「健康吃、自然活、運動多、壓力少」的大原則，成為德國新世代的一種養生新希望。

藥草的好處是自然調體，但其神祕姓卻是需要功夫研究的。多少劑量、採用哪一部分都像變魔法般，稍有差錯小心就變不回來。不只用藥，德國人也喜歡將之用在生活裡的佐料。像是湯裡頭放一片月桂葉（Lorbeerblatt）或一根檸檬香草（Zitronengras），即使說不出什麼養生的大道理，光是那清香的自然好味，就可以讓人痛快地吃喝下去。

德國居家常見藥草

我在德國朋友家花園裡最經常採到的是百里香、迷迭香、薄荷與薰衣草。百里香

（Thymian）與迷迭香（Rosmarin）用來醃肉煎烤都很棒。迷迭香還可以製油精或當茶喝，文獻上說這種藥草可以增進頭部與子宮的血液供給。所以德國人在應付偏頭痛或是血液循環不良的局部痙攣，就會建議採用香氣特殊的迷迭香。

◎薰衣草

紫得誘人，魔力也很高，不論茶飲、油精或浸泡都得宜；薰衣草可以提振精神、有防感染又具有鬆弛的功效。在心感煩躁、腸胃不良、偏頭痛、灼傷或有其他傷口時，也可塗上點薰衣草膏做治療。但是根據傳統藥草書上的說法，1天服用1克的劑量就好。

◎薄荷

有殺菌、防腐、防蟲並防癢的功效。我家喜歡將新鮮摘下的薄荷葉拿來沖茶喝，

> " 由於化學藥劑副作用不少,近年來藥草學搭上自然療法的復興而重新抬頭,搭配「健康吃、自然活、運動多、壓力少」的大原則,成為德國新世代的養生新希望。"

非常清新提神。由於薄荷在與皮膚接觸時會有讓人覺得冰涼的暫麻感,所以也成為按摩時減少肌肉摩擦的塗抹藥膏。有些德國人還喜歡在晚上把薄荷拿來泡泡腳,舒緩1天的肌肉緊張。但是據說懷孕初期是不建議服用薄荷的。

◎玫瑰

插過1週以上即將凋謝的玫瑰花乾燥也容易,花瓣可以拿來做裝飾、放在衣櫥中聞香。據說玫瑰花具有調諧荷爾蒙,平衡內分泌系統的好處。

居家的藥草自製法

◎自家風乾藥草

藥草採收之後的風乾過程,可是一門大功夫。如何不耗損藥性,正確的溫度與低溼度就被嚴格要求著。其實德國是大陸型氣候,空氣中溼度低很乾燥。選擇在暖氣附近將採來的花枝倒吊,即使枝葉豐厚,2、3週就全乾了。無論如何,通風與避濕是兩個主要條件,車庫跟微波爐乾燥都不適合;但是德國花園裡的木頭小棚屋,在夏天就是不錯的選擇。

◎自家保存藥草

風乾的藥草像是花茶與葉茶可以裝罐密封收藏。研磨成粉是方便當佐料。將乾玫瑰、薰衣草埋在糖罐中的糖藏法也很不錯。以做冰的方式放入花瓣或葉草冰藏,做出來就是藥草冰了。花瓣冰糖、藥草蜂蜜等的製作原理也都類似,多寡還可以看個人的喜好調比例呢。

1、2 自己闢園種香菜，是許多德國人愛用藥草的第一步。

3 德國人會採用迷迭香醃放在腿肉上，進爐煎烤芳香撲鼻。

4 在德國傳統市場上很容易買到風乾的各式藥草或香料。

5 做沙拉來點新鮮藥草或香菜，味道會立刻錦上添花。

6 剪新鮮薄荷葉洗淨後直接倒入燙水，鮮葉泡茶可提神、殺菌、防腐、防蟲並止癢。

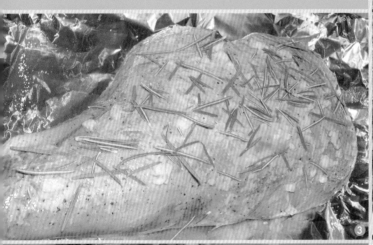

PART TWO

DIE MODE

德 國 人 的 衣

德國穿衣
重質料與
穩重品味

德國人很在乎質料，穿衣主要是整潔乾淨、簡單大方、上下配套重品味。他們選色要求協調，不喜突兀強烈。

在式樣上，德國人不像法國人或義大利人般大膽華麗。即使是參加婚禮，盛裝出席的客人也都偏好深色系。我參加過的德國婚禮幾場，除了新娘之外，所見賓客都衣著樸實，典雅卻不花俏，一點搶不了新娘的風采。

眼色髮色與場合決定衣著

德國很多人是以眼睛的顏色來做服裝色澤的偏好，像是藍眼珠的人會偏好藍色系，綠眼珠偏好綠色系。頭髮的顏色也影響衣服的選色，像是金、棕髮色的人，就會喜歡穿金黃咖啡系列的衣服。所以如果觀察到某人很喜歡某一色系的衣服，那近看一下他的眼珠或天生髮色，通常八九不離十。德國人選擇衣服除了質料與合身之外，也很在乎衣服的功能。多口袋好開拉，能否防雨擋風，有無加帽內袖，功能

德國人選擇衣服除了質料與合身之外，
也很在乎衣服的功能。多口袋好開拉，
能否防雨擋風，有無加帽內袖，功能愈
多愈受歡迎。

愈多愈受歡迎。

德國人很講究場合穿衣服，像是去森林散個步，就會發現大夥都是登山鞋、外套、雨衣的裝備。而一到了晚餐時間，穿上散步的衣服來吃飯，你會接獲的眼光就是不對味。我的德國公公請客還有一種穿衣哲學，他認為主人不應該穿太花俏搶眼，讓客人出風頭才是好主人的待客之道。

晚宴衣著學問大

在西方、在德國，晚宴服裝都是很講究的。我在慕尼黑留學時，每到年底的大場面，就是指導教授邀請助教群與海外博士生到他家裡吃一頓耶誕晚宴。教授住在阿爾卑斯山上，一進門的儀式就是脫外衣、帽子、圍巾、手套等附屬衣物。德國人的住家通常有掛衣間或是掛衣櫥，讓客人

的「外裝配件」一入房子就可以紛紛解套。之後進行飯前敬酒與接受耶誕禮物的儀式，當大夥在溫暖的書房一字站開，美麗的燭光下就可以看到德國人的盛裝陣容了。

此時德國男士當然離不開西裝領帶，有些還可能穿某地區的傳統服裝出席。女士多是套裝或短洋裝一身，剪裁合宜多深色。而不論哪一種造型，莊重整潔燙得有條不紊，是絕對講求的衣著禮貌。

如果只是學生平輩的居家聚會，德國人可不會打上領帶來拘束自己，牛仔褲裝通常最受年輕人的歡迎。而在乎身材的德國人可不少，常進健身房的更會在這種時候選挑緊身牛仔褲裝來現身。德國男人很少光頭髮型，據說是怕讓人聯想到新納粹；老一輩的女性則不太戴帽子，為的是不想破壞剛吹好的頭髮。

① 德國人選擇衣服除了質料與合身之外，也會以眼睛的顏色來搭衣服。

② 德國人的住家通常有掛衣間或是掛衣櫥，讓客人一入房子就可以「解套」。

④ 在西方，晚宴服裝都是很講究的。

③、⑤ 德國人的服裝，從裡到外都講究季節搭配。

極具特色的德國傳統服飾

在固定的節慶場合，德國人也喜歡穿傳統服裝出席。像是黑森林裡頭的城市慶典，南德慕尼黑的10月啤酒節，就經常看得到男女大小穿著傳統服裝盛大出席。可能是大圓帽上頂著無數顆大紅毛球，身穿有吊帶的大布裙，鑲上繡花的腰帶，或織編碎穗的長或方巾。男人的傳統服裝也造型特殊，各地不同。一般外國人最常看到的是巴伐利亞邦的德國傳統服飾，男生是吊帶短褲、長襪綴鬚加上一頂羽毛翹起的小綠帽子。女生則是露胸花邊白上衣加上過膝的長布裙。

可能是10月啤酒節的國際化也可能是巴伐利亞邦特別會做廣告，幾乎外國對德國人的印象就變成了這個邦的傳統服裝、拿著大酒杯唱跳的模樣。問題是一到德國問問看，對此抗議的人可不少。首先是各邦有各邦的傳統服裝，巴伐利亞邦的不能夠說是代表全德國的。其次是大喝啤酒跳上桌子的模樣，不管是傳統或現代，不少德國人可都認為，這根本不是「典型的德國印象」呀！

德 國 人 洗 衣 嚴 守 「 標 籤 學 」

德國人穿衣所重視的重頭戲還有一樣，那就是洗衣保清潔。他們買衣服的時候就講究，之後常穿也重維修。這種所謂的「服裝維修精神」跟對車子的維修很有得比！

❶ 德國主婦一定會翻看衣服裡頭的標籤，按照指示洗衣服。
❷ 就算是舞台表演，德國人的穿著搭配也會有一股特殊的勁味。

> 燙衣服對德國人而言就跟呼吸一樣，
> 自然合理地存在大氣層中，你若抗
> 拒，就是違反天理運行。

　　品管嚴控不只是對硬梆梆的機械，軟綿綿的衣物也在德國人的管理之列。在德國，整理衣服的道具可不少，從熨燙、去毛球、自己乾洗到衣褲掛吊，延續對廚房兵器的民族性，德國主婦對衣服的用心，看得到也嗅得出。而德國主婦洗衣服還有一項特徵，那就是一定會翻看衣服裡頭的標籤，按照指示調溫度洗。標籤上表示只能用手洗的，她們就絕不可能丟進洗衣機！你不按照標示洗衣，她們可會驚呼你的「脫軌行徑」。

清潔衣物，一絲不苟

　　德國人對抗細菌，態度等同對抗敵軍。所以德國的洗衣機基本溫度經常是從30度起跳，除非你特別啟動冷洗裝置。德國人深信，要有溫度的洗滌才能「殺死細菌」。有些要經特別處理的還分60度洗與100度洗，馬虎不得。洗衣不但分溫度也分色系，所以德國家庭的髒衣籃通常至少會有兩個，一個是深色系，一個是淡、白色系。也有些是分溫度來丟髒衣。

　　洗衣的問題還牽涉到水，德國登記戶口時，每個居民不論是不是德國人，都會得到一份「水質指南」，告訴你這個地區的水是軟水、中硬水、硬水或很硬水。像是住在南德阿爾卑斯山一帶的水就都很硬，所謂硬是水含石灰或鈣質（Kalk）較多。洗衣視水質的硬度不同要調整洗衣粉（或塊）之外，還有洗衣機搭配洗衣粉用的解鈣劑（Entkalker）可供使用，以維持洗衣機淨衣的功能及品質。而烘衣服按照標示當然也就毫不意外。

　　德國人對「指標學」的遵守精神就跟在乎法律或路標是一樣的，「標示與紀律」對這個民族來說，實在是太重要了。

熨燙衣物省不得

連熨燙衣服，德國人都一定遵從標籤指示。熨燙的標示是一支小熨斗，裏頭通常標有小點1、2、3個，越多點的溫度就可以越高。我認識德國人十多年了，很少碰到哪個人不燙衣服就上身，這似乎是他們穿衣的一道先行步驟。

當我在慕尼黑求學時，一開始住的宿舍在郊外的科技大學校地上，附近可以穿越很多德國人家的後花園。夏天一到最適外出，我很喜歡從矮籬望進去，而經常可以看到的德國婦女「居家運動」，就是在花園裡擺上一個燙衣架，一件件開始整齊清潔地熨燙！

不少德國婦女會抱怨燙熨衣物實在浪費時間，但是抱怨歸抱怨，她們還是很制約地，曬好的衣服一定會加工燙過才收入衣櫥。即使每一次都要花上3、4個小時來站

著熨燙，還從上衣褲子、手帕桌巾、窗簾內褲、到襪子抹布都逃不過攤平熱熨的魔掌。真的，燙衣服對德國人而言就跟呼吸一樣，自然合理地存在大氣層中，你若抗拒，就是違反天理運行。

一次不小心，我在德國打工時溜口說不會燙衣服，這條消息馬上驚動武林，幾個現場聽到的同事一臉匪夷所思，開始把我當外星人。連我的部門老闆都小心翼翼地來問說：「你穿沒燙過的衣服在身上不覺得不舒服嗎？」這些德國同事覺得遇上番邦，居然還有人屢開玩笑說要送我一本「如何熨燙」的書籍，好讓我迷途知返、回歸正道⋯⋯。

德 國 人 的 保 衣 七 部 曲

1 髒衣籃分色系丟髒衣。

2 洗衣前辨識衣物布料材質。

3 認明標籤指示。

4 選擇正確洗衣劑。

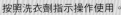

5 按照洗衣劑指示操作使用。

6 按指示燙熨工整。

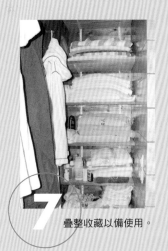

7 疊整收藏以備使用。

洋 蔥 般 的
冬 衣 哲 學

屬於大陸型氣候的德國，一到冬天就採用洋蔥式特殊穿衣法，這跟台灣的冬季穿衣法可大不相同。

① 德國屬大陸型氣候，冬天的穿衣法跟台灣的海島型氣候大不相同。
② 帽子手套，在德國冬天絕對必須。

　　按照在台灣冬天的穿法：裡頭穿上長袖內衣，加一件襯衫或毛衣，最外頭穿圍巾加大衣的話，在外頭還可以，一進到德國有暖氣的屋子裡就糟糕了。因為大衣卸了還是熱，但是中間這層的襯衫或毛衣卻不能脫，因為一脫就是內衣了。結果只能在暖氣房裡直冒汗，走到戶外卻不會馬上乾，可就容易感冒上身了。

融合冬夏的穿衣法

　　德國的冬季穿法最適合的是「融合冬夏」，也就是裡頭上夏天的短袖衫或長袖薄襯衫。外頭加一件毛衣，或是厚點的小外套，然後才加大衣、厚棉外套或羽毛衣。這種穿法的好處是隨處可「剝」，每個房間、每一間教室的室內溫度不同，冷的話就全穿著，熱的話可以一直剝到最裡頭，減少內衣「下雨」的可能性。就像洋

蔥，好穿易剝地一層層加上一層層卸下，任何時候可隨溫度調整自己的「厚度」。

◎帽子

在德國戴帽子，有好看的禮帽或是禦寒的厚帽，當然禮帽也可以做成很厚來禦寒，但是要參加婚禮當貴賓，可就沒人會戴這種厚重的帽子去。禦寒的帽子設計多樣，有可以遮耳朵、可以順便擋脖子的，完全視需要而定。不喜歡一整個頭被套住的，還有只護頭與耳朵用的頭套（Stirnband），這種頭套的好用不只在禦寒，夏天到郊外的風大處，擋風的功能也很強。

◎圍巾

圍巾在冬天可是德國穿衣的必需品，尤其是對不喜歡穿高領的人。一條就足以封頸口，完全擋住絲絲侵體的寒意。而好看的圍巾還能裝飾大衣，成為美麗的外貌點綴。德國人圍圍巾、領巾的式樣有很多，對折一套、居間外拉、橫批一甩、領上領下，薄領巾的花招搭配胸針更是多樣好看。德國媽媽當然希望孩子穿得保暖，所以先打圍巾再穿外套，這種「一絲不透」法通常會是家庭建議法，但是小鬼頭一出家門就耍帥，圍巾要怎麼飄逸外抽還是裝酷側甩就很難說了。

◎手套

手套在隆冬的德國也不可或缺，否則光是冷凍冰手指就讓你寒氣入骨。一般的毛線手套保暖最好，但是遇上下雪或下雨濕淋淋，毛線手套很容易就破功。這種時候要用上皮手套或是稍微可以擋濕的滑雪手套。德國人擦乳液不只擦臉，因為氣候乾燥手腳乳液都經常用得到，而冬天因為脫剝手套太經常，有些人還會帶一小條護手膏，隨時保護一雙玉手的溫柔。

❶～❸ 德國人圍圍巾、領巾的式樣很多變化。
❹ 德國人穿鞋子視天氣場合，辦公、宴會、健行到雪地都各有配套。
❺～❼ 德國的冬季穿法最適合的是「融合冬夏」裝，也就是像洋蔥，好脫易剝。

◎大衣

　　大衣則要看場合視用途，有宴會用的大衣以及郊外徒步用的風衣或夾克。前者重視流線設計好搭衣，後者需要防風雨、可保暖又透氣。近來材質越輕的越受到年輕人歡迎，冬天不必太厚重就可以保暖，畢竟是大家的最愛。有趣的是，德國人穿毛衣的不是很多，如果有件好外套，很多人裡頭就不必毛衣保暖。尤其只是短暫在外頭就進辦公室或屋裡的，也省去進出暖氣間再脫穿一層的麻煩。

◎襪子

　　襪子分成家居厚毛襪以及外出襪。家居厚毛襪有些會設計專門的防滑襪底，免得在家只穿襪子走動的人跌倒（因為德國人的地板都超光滑）。外出襪則設計較薄好套鞋。

　　鞋子則視天氣場合，分成辦公用、宴會用、健行泥地用、雪地防滑或雨天防水靴等。反正從頭到腳的衣著穿扮，德國人都不會輕忽的。

> 德國的冬季穿衣法是「融合冬夏」，裡頭穿上夏天的短袖衫或長袖薄襯衫，外頭加一件毛衣，或是厚點的小外套，然後才加大衣、厚棉外套或羽毛衣。

PART THREE

DAS WOHNEN

德 國 人 的 住

德國人愛乾淨天下無敵

走進德國，第一個驚愕就是乾淨。乾淨到有些你認為可以骯髒的地方，都逃不出清潔的魔力。這是一個以工作為榮、嚴重排斥偷懶的民族，用這種精神對付除垢，從裡到外全都乾淨整齊。

❶ 德國從內到外，要找出一張亂飛的垃圾可困難。
❷ 走進德國，第一個驚愕就是從上到下整潔乾淨到不行。

租房──
一塵不染地恢復原狀！

以租屋為例。不管你是不是外國人，德國人要求的交屋與還屋，乾淨度都足以列入金氏紀錄。德國租屋分附家具與不附家具兩種，而不管哪一種，你交回房屋時都必須「回復原狀」，讓房東立刻可以再轉租出去。原狀交回一有落差，小心你的押金就不保。

就有德國房東在交屋時，走到正中央的吊燈下，爬上椅子往燈罩上一抹，然後證據確鑿地說：這裡還有灰塵！另有房東拿著棉花棒到窗戶的細縫裡一插一挑說，這裡沒清嘛！我住進海德堡的學生宿舍時，其他3位室友都是正宗德國人，一開始的「住房警訊」就是清潔輪值表。4個人每週一輪，換掃不同區域：廚房、廁所、倒垃圾與浴室。別以為學生無法執行清潔，德

國學生「自動自發」就會盯著你，檢查成果後還會告訴你評分。像是我第一次掃完廁所後，很具有警察個性的男室友Jens就委託女室友Bettina帶我示範一次如何才是「正確的廁所掃法」。

搬進慕尼黑宿舍，這一層11個大男生跟我同住，裡頭有10個是德國人，當然就又自動出現了「清潔糾察隊長」。這位清潔守分的德國好青年在你洗碗時會過來告誡你該怎麼省水，假如洗碗檯還有水跡，他也會好心地跟你說沒清乾淨。他自己摸過的門把或是流理檯，居然都會用抹布擦拭一下永保光亮。更不用說把抹布整齊吊好歸定位、晾碗槽清出來給下一個人使用了。

私人租屋的交屋「美觀度」也是有規定的。如果租約在2年以下，房東在合約到期前會來檢視一番，看哪裡要補漆；如果你維護良好，就可能獲得免刑。但是超過2年以上的租約，通常都必須重漆，根據房東要求的顏色與亮度光潔地物歸原主。搬進不易，搬出也難。整個都牽涉到「清潔美觀」的標準使然。德國房約上還都規定還屋油漆的程度「必須符合專業水準」。而專業與否，當然是以房東的眼睛做標準。

在德國租屋，超過2年以上，通常都必須重新油漆，根據房東要求的顏色與亮度光潔地物歸原主。

親身體驗德國人的高標準

我搬出學生宿舍後住過的兩個私人租房，第一間32平方公尺（約9.6坪），花了3個人力、漆了整整3天。那還是我們結完婚的週末，因為前房東催著交屋，婆婆特別留下來，買足了所有清潔跟油漆道具，從門把、門身、地毯、屋角、浴室、水龍頭到廚房設備，都用相應的清潔器具來讓它煥然一新；第2間私人房是結婚後租的，搬完運走所有的東西之後，我倆留下兩個睡袋加上清潔道具，刷、漆了3、4天才交回房東手裡。還屋時可像宣判，我們把所有打掃工具都列在門外，打算一有不妥就立刻補救。終於房東點頭，我們兩個人才以一副清潔工的模樣，帶著水桶、掃把等一大堆工具離開。

到了婆婆家一看，那種清潔可以讓你躺在地上吃飯喝茶也不心虛。即使如此她老人家還是會叮唸：「不夠乾淨呀，灰塵真容易出現，你看誰家真的一塵不染啊！……。」德國人的清潔概念強到讓人緊張，家庭電視劇裡穿插的廣告一定是清潔劑、洗衣粉、亮光處理膏等等讓你刷到不行的清掃武器。

整齊清潔在德國是一種「國情」，你可以抗拒，但是無法逃避。所以想要衛生到天下無敵，學德國人一定沒問題。

德國人的居家清潔祕方

德國婦女通常每週至少清掃一次，清掃範圍包括換洗床單、所有家具表面擦拭、沙發地毯吸塵等。吸塵器分有地上吸塵與桌上型吸塵器，以上器具還可以分吸口大小裝卸來吸死角的灰塵。擦玻璃可用舊報紙呼氣擦拭，擦木頭門窗另有清潔木頭的專用清潔液。喜歡喝紅酒的家庭一旦出現滴到地毯的現象，立刻灑上鹽巴吸取酒汁數小時後再做清理，則是一般德國人的家庭常識。

1 德國私人租屋約滿時，屋內都必須光潔無比地物歸原主。

2 整齊清潔在德國是一種「國情」，你可以抗拒，但是無法逃避。

3 相信我，德國人的清潔是連燈罩以及天花板都不放過的。

4 我婆婆家的清潔標準，是可以讓你躺在地上吃飯喝茶也不心虛的。

德國男性的大型勞作：蓋屋DIY

德國人的認真需要發洩，尤其是針對組裝與計畫能力，要大型勞作才過癮。這種精神的具體實踐，就是自己組裝一個理想的窩，長住下去。

❶ 德國人的認真需要發洩，自己組裝一個窩正是具體實踐。
❷～❸ 正在建造中的菲佛家族之屋。（由菲佛大家長狄特馬提供）

好幾個德國家庭告訴我，他們的房子是自己蓋的。所以自己修屋頂、修樑柱、修地窖、修水龍頭就都不算什麼了。我家老爺的德國老闆就說，他的父親在他11歲的時候意外繼承了一塊地，他們沒錢請人蓋房子，於是3兄弟加爸爸，花了半年時間申請執照與設計圖，又花了半年買木材調泥沙，自己一家就把房子蓋起來了！

從無到有，蓋屋DIY

我親眼看見的德國DIY別墅，是在黑森林附近的愛騰罕（Ettenheim），由狄特馬·菲佛（D. Pfeifer）家族自己蓋起。他們希望新房有群居以及個體的空間，還要體會屋外春夏秋冬的進行。在申請的建築執照發放後，各家親友一起出力，最後真的擁有一棟屢受地方雜誌介紹的別墅落地。這棟建物原估計要花到46萬歐元，自己DIY

省下了10萬歐元。狄特馬驕傲地帶我們參觀房子，說從地基開始，架屋、填牆、撐頂、鋪磚到上漆，除了電線、水管、瓦斯管等按規定必須由專人處理外，每一磚每一瓦都是他跟岳父、妹婿、鄰里大男人們的血汗成績。

這棟摩登的花園洋房矗立在小鎮傳統的屋群裡，耀眼獨特。外面四邊是開放式庭園通鄰家，鄰里互助的機制在這裡很強。全屋長型一側的高台上放有太陽椅好幾張，夠全家一起躺下來曬太陽。後庭通岳父母的花園處有水池伴荷花，還有個養兔與養雞場，在這裡連雞兔都很幸福，四處奔跑跟孩子捉迷藏。

足以自豪的自建別墅

屋內共3層半，地面上2層半、地下室另一層，全屋共有1200立方公尺，地基實算佔地220平方公尺（約66.5坪）。在寬敞的地基第1層是客廳、電視間、浴廁、開放式廚房與飯廳。當你站在房中央，全客廳可以一覽無疑。客廳四面幾乎全是玻璃窗，採光好日照暖還跟窗外的四季同步。客廳裡的那個古歐式羅馬火爐還有典故，聽說古羅馬士兵就是用這種火爐來取暖溫床。

第2層完全是臥室，除了一上來的開口處有男主人在家的臨時辦公處，以及一個衛浴。臥室隔出4間來，每一間都有自己的夾層小閣樓，可以從自己的臥室裡爬小樓梯上去。據說這是尊重孩子的隱私，讓他們在自己樓上還有個私自的遊戲空間。每一個臥室都通陽台，站到陽台上又通所有的房間，只見小莉翁娜正在上頭跳著繩，一邊跳一邊到每個房間的窗外叫著姐妹哥哥出來玩。

"自己蓋房子，從地基開始，除了電線、水管、瓦斯管等按規定必須由專人處理外，每一磚每一瓦都是家族裡大男人們及親朋好友的血汗成績。"

地下室擺的是空調器等大型設備，有貯藏室、洗曬衣室與樂器室。貯藏室有門通後院，因為食物貯藏要通風，直接就在泥土上放磚頭。德國人喜歡用的木製材質在這間房子裡到處都是，包括屋樑與四壁。木頭內部的夾層灌入纖維素隔熱體，屋外即使零下5度，保證屋內人還是可以短袖上身。

除了太陽能設備外，這整棟屋子還設計有換氣裝置，換氣管每2個小時會自動更換屋外的新鮮空氣進來。男主人特地在換氣口加裝一個篩濾器，好免除女主人在夏天受到花粉侵襲！

這棟摩登建物共花了4個月打地基，1個月架屋樑，2個月做4牆屋頂的架木細工，總共只花了7個月就撤掉所有的鷹架。接下來的水電線路鋪設花了大概2個月的時間，他們在2002年2月開的工，那年的年底，菲佛一家就在自己蓋的新屋慶耶誕啦！

德國房屋必備雙層窗與貯藏室

德國建屋除了外觀內設兼顧優雅，最讓人眼睛一亮的就是「多開式雙層玻璃窗」。所謂多開是可以上開、下開與側開。在輕微有雨卻想要透氣時，下開窗最得宜。而

每戶必備的雙層玻璃窗，擋的正是冷冬的寒氣。

另外家家也必備貯藏室，就在房屋裡的通常是貯藏食物，可以藏放罐頭、醃製食品等不需冰藏的東西。在室外或地下室的則是大型雜物貯藏間，即使是公寓、學生宿舍等也都有這類型的設計，讓人堆放平常不用的大型用具、腳踏車、空紙箱等，好讓居住的生活空間舒適得宜。

❶、❷ 外觀正面左右正看。

❸～❺ 地面上第一層的飯廳、客廳與中央羅馬式火爐,體會外頭四季毫無問題。

❻、❼ 地上第二層臥室區,每一間都有自己的夾層小閣樓,讓孩子們在自己房間的樓上還有個私自的遊戲空間。

❽ 後庭水池伴荷花,直通岳父母的花園。

德 國 人
家 居 勤 研
環 保 技 術

不論是自建或請建商代建，愈來愈
多的德國新房子採用了先進的環保
技術。對於節省務實的德國人來
說，環保可以省錢又救地球，完全
符合其民族性！

德國建築5大概念

德國新房子中，環保屋已經越來越多
了。像是上篇所說的狄特馬自蓋屋，屋頂
就裝置了太陽能收聚器供應熱水能源。那
棟房子的能源系統有3種，除了太陽能之
外，煮食用的是一般電，暖氣系統則用火

爐燒柴的循環裝置來補助，另外還用瓦斯
能源作後備。兵分三路的能源裝置除了節
省能源，也為了分散風險。

省時、省力、省錢、講究品質又環保，
是德國摩登蓋屋的5大觀念。其實德國人
環保不是現代才有的事情，這個民族很節
省，現金存款長保全歐洲第一。在這種習
性下，環保可以省錢又救地球，完全符合
其民族性。很多德國人家都申請有在附近
森林撿材的執照，貯存起來冬天燒爐保暖
之外，爐架上還可以順便燒水、煮咖啡，
連在爐裡烤餅都原味好吃得緊！

蓋新房專業又迅速

委託建商蓋屋提供的選擇大概有兩種，
一是「當地拆建」，也就是搬走清空，完
全讓人到府上施工直到交屋。另一種在德
國挺流行的是「完屋移植」，也就是先在

①很多德國人家在附近森林撿柴貯存起來冬天燒爐保暖。
②～④ 在德國的環保屋愈來愈多是不爭的事實。

其他工地將要蓋的屋子完工,最後請原住戶離開幾天,讓建築團隊用2天拆屋、一天挖地基、一天填泥,再花一天把新屋用大卡車運來裝上,契約上保證5個工作天就是5天。當你回家一看,新房子就已經嶄新發亮地矗立在眼前!

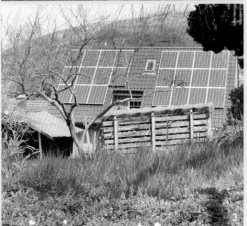

❶～❸ 從蓋屋、家具選用到室內裝潢，德國人都喜歡選用木材。

愛用木材的德國屋

德國人能夠不用鋼筋混凝土就不用。他們知道這類建築通風不好、聚熱不透水，不但對人體不健康，也將導致住居高溫與浪費能源。德國人喜歡木材，從蓋屋、家具選用到室內裝潢，原因就在木材的自然性對人體較佳。我認識的德國人都講究住屋品質，高樓住宅在這個國家一直不受歡迎，他們認為那是城市地小的產物，透天獨棟的花園小屋才是常居安身之地。

環保科技更上層樓

在上述背景下，德國現在新蓋的房子搭上能源新科技，只是在技術上更上層樓而已。現代的德國環保屋講究的是沒污染、適度節能也節水。能量來源可能是太陽能、風能、地熱、沼氣、暖氣循環回流等新科技。而不

現代的德國環保屋講究的是沒污染、適度節能也節水。能量來源可能是太陽能、風能、地熱、沼氣、暖氣循環回流等新科技。更可以自己DIY，用郵購就買得到貨直送到府。

只新屋可以做能源的選擇，傳統老屋子要更動能源系統也可以自己DIY，用郵購就買得到貨直送到府。而其中相當受到德國民間歡迎的，就是太陽能集熱系統。

太陽能系統是收聚陽光，將熱能經由轉換系統變成電能來使用。我參觀過一所慕尼黑的老人院，裡頭裝設的全都是非觸動的感應式電燈，完全以太陽能供電，好讓行動不便的老人家不必伸手找按鈕。回我老公的巴登老家一看，幾乎所有新屋的屋頂都安裝了太陽能聚收鏡，難怪外界老說德國節能全球第一，放眼望去，果然四處都是證明。

做研究是德國人瘋狂的愛好之一，他們現在研究的是哪一種科技可以讓成本更低、效率更高的太陽能收集器上市。位於德國弗來堡的弗洛恩霍夫（Fraunhofer）太陽能ISE研究所，就在業界合作下研究出了「超低能房屋」，每平方公尺只要約1公升左右的燃油料，就足以維持居家暖氣所需。這種新的超低能屋，可將回收的室內餘熱導入空調集熱板裡，混合收聚的室外空氣後再利用。他們除了採用太陽能外，也設法將暖氣、空調與熱水器結為一體。這種新屋已經獲得了德國官方與媒體的重視，未來即將在補助下，逐步擴大實施。

◎德國太陽能科技研究所—
Fraunhofer ISE網站
http://www.ise.fraunhofer.de
內有環保低能新屋、太陽能科技研發資料。

◎環保屋節能驚人
在Neuenburg市的環保屋，每年每平方公尺只需要再加1.5公升的燃料油就能保持居家溫暖，相當於每平方公尺15千瓦小時(KWh/h)的熱能，這是一般低能源住屋平均所需能量的1/10。而相對於德國傳統住宅每平方公尺120到300千瓦小時的最低熱能消耗量，這種節約相當驚人。

從施工住居看德國人的民族性

歐洲有個笑話：一個德國人跑到義大利看到比薩斜塔，很不懂地插著腰在廣場上搖頭說：「都歪了800多年，義大利就沒有一個人想要去扶正它嗎？」沒有，在義大利沒有，這種人只在德國有。

❶ 德國人對於施工講究榮耀與品質，差個1吋1公分都不行。

堅持施工品質

德國人對於施工是講究榮耀與品質的。合起來無縫、走起來平坦，德意志的驕傲都要建築進去的。像是工人鋪地磚，小心翼翼敲進地裡，還要趴在地上查勘這一塊跟其它的整體平不平。走在德國路上真的可以放心走，這裡不可能會凸出一塊絆倒你。建築物施工，差個1吋、1公分都

> 德國人對於施工是講究榮耀與品質的，德意志的驕傲都要建築進去。建築物施工，差個1吋、1公分都不行，還堅持建築力學的裝置奧妙就在其中，再精緻細微複雜的，都要弄到恰到好處。

不行，還堅持建築力學的裝置奧妙就在其中，再精緻細微複雜的，都要弄到恰到好處才行。

英國電視上曾播過一對英國老夫妻在德國某郊外繼承到一塊地，他們請了建築公司以「完屋移植」法來蓋出自己理想的林中養老屋。結果他們非常驚訝於德國工作組的準時與成績。完全沒想到天底下有這麼快的「新房效率」。完屋後裝電線時，電工卻發現要裝插頭的地方與設計圖不符，差1公分的距離。德國電工摸摸鼻子就走了。

第2天蓋房子的回來把這面牆拆掉重上，好讓電工隔天「按照原設計圖安裝」。英國老先生驚訝無比，對著鏡頭說：有必要這麼精確嗎？德國建築工卻說這是公司的榮譽問題，差一點都不行。我看到這個節目時頻頻點頭，這就是我認識的德國人，一點沒錯。

仔細施工，世代享用

至於施工的道具呢，那可能用博物館來形容都不夠。建屋的施工器具都組裝在卡車上，摺疊式打開來可以向外平拉，要什麼有什麼。連不是工人的我家老爺，釘個東西都要量東量西，絕對畫好尺寸，找出合宜的釘子跟鎚子來，慎重地釘下之後，還要拿出平衡具來檢視與地平線的平衡度。難怪他們需要那麼多的道具。套句我公公的話，要就好好地、仔細地做，一次做好世代享用。

我們在慕尼黑的第2個租屋處，裡頭的熱水與冷水是水龍頭分開的。我家老爺住不上幾週就決定帶老婆去逛家用器具大賣場Otto，找到了一種可以調和冷熱水管一起下水的單口水龍頭，回家後就自己花了一個下午組裝，然後幸福無比地跟老婆說：「妳看，來試試看，這才是生活！」

DIY也毫不馬虎

德國人喜歡研究、組裝與改造的民族性，四處流露在生活中，即使是最微小的事情也不馬虎。搬家也是。德國人搬家都會把大型家具像是衣櫥、書櫃等卸下成塊，釘子勾子包成一包用膠帶貼在某塊板子上（說這樣才不會搞錯或弄丟），將3D立體平面化後節省剩餘空間，這樣一次運輸的東西更多，也比較不會碰壞。搬到新地方後，就看他們重新組裝，又一塊塊地把平面組合成立體！

幾乎每個德國男人都有工具箱，還不時擴添裡頭的傢伙來讓自己「更雄壯」。有些人嫌工具箱還不夠，還擁有自己的大型工作室。一次參觀曼漢姆一位舍監先生的地下工作室，一間放成品、一間放工具、一間是正在進行的半成品室，用兵工廠來形容那個陣仗，絕對不算誇張。

德國人要送家具也很仔細，光是一組沙發就會拍5張照片，不只讓你看外觀，也會清楚標出長度、寬度、高度，還有沙發掀開裡頭的材質與空間度。你問說送一組沙發有必要這麼清楚嗎？德國人會回答你說：不然想要的人怎麼知道他的家裡放不放得下、要借多大的車子來搬呢？如果你學得會德國人的邏輯，你的施工與生活品質就有了信賴保證。

1　德國人搬家會把大型家具像是衣櫃、書櫃等卸下成塊，搬到新地方後再重新組裝起來！

2～4　德國人喜歡研究、組裝與改造的德國民族性，四處流露在生活中。

5　德國建築合起來無縫，工整完美到不行，還堅持建築力學的裝置奧妙就在其中。

6　是我德國公公「尚未整理」的文具工作間。

7　我德國公公地下室工具櫃打開的一角。

8　德國公婆地下室貯藏間的排列收藏。

德 國 人 以
大 學 城 為 傲

德國大學都是開放式校園。在小城市裡，當學生比例大佔居民人口時，「大學城」的稱呼就會應運而生。這裡學生混居民，也許餐廳的樓上就是語言教室，糕餅店的隔壁正是音樂系館呢！

① 杜賓根大學城的尼卡河上是大學生翹課的好去處。
② 大學城就是整個城市都在大學裡，而整個大學也都在城市中。
③ 杜賓根大學城市中心的教堂，是所有路人休憩暫歇的好地方。

與城市融合的大學

德國大學都是開放式校園。這裡學生混居民，教室就在住家裡，也許餐廳的樓上就是語言教室，糕餅店的隔壁正是音樂系

館。通常某個學院可能會偏在城市的某一區，但是原則上沒有藩籬、看不到高牆。在大城市如柏林、慕尼黑的大學也都這樣，只不過到了小城市，當學生比例大佔居民人口時，「大學城」的稱呼就會應運而生，因為，這個城市會因為「大學的在址」而主導機能。

像佛萊堡（Freiburg）、海德堡（Heidelberg）、杜賓根（Tuebingen）、馬堡（Marburg）就都可以稱得上是大學城。來到這些地方問問居民，當地人會得意地告訴你這裡沒有「一所大學」，因為「整個城市」都在大學裡！大學城的氣質通常很書生，咖啡館裡論詩歌，啤酒店裡爭律法，連去舊書攤隨便晃晃，算帳的老闆都可以拿席勒或歌德來跟你話家常。

> 大學城裡,步步山水藏文化,迴身一轉
> 現風華;沒有油煙無污染,點點滴滴都
> 是居民世代的驕傲所在。

大學主導城市機能

走進大學城裡,步步山水藏文化,迴身一轉現風華;沒有油煙無污染,點點滴滴都是居民世代的驕傲所在。我最喜歡在佛萊堡的巷子裡找舊書攤,在海德堡的迴廊上喝咖啡。而說到杜賓根,幾乎每一次去都會被不同的驚奇沖洗。大學主導城市的機能明顯,特別在於學校傳統的盛事已經深深融入居民的生活中,像是杜賓根每年6月的撐篙划船競賽。而撐篙人在河中的身影,也正是杜賓根的城市象徵。

離最近的斯圖佳特機場25公里,杜賓根住民只有9萬,其中學生就佔了全住民的1/4。自1477年以來就與「愛博哈爾德－卡爾斯大學(Eberhard Karls Universitaet)」連成一體。在這裡最容易撞到的就是學生,他們在尼卡河畔的高牆上蹺課曬太陽,在河中長型半島的森林裡漫步吟唱。從西元528年建校以來,許多德國名流都從這裡出產。有諾貝爾獎入圍者、有教宗,要德國總統也有,更不缺名作家、哲學家、藝術家或流行歌手。

❶ 杜賓根大學城的山上城堡氣質就是閒逸蕩漾。

❷～❹ 撐篙划船競賽是杜賓根大學城的年度大事，一邊滑一邊練身體，一邊還可以看著沿河的風景。而一旁學生也沒閒著，從河岸教室、岸邊停船一邊聽課論長短，一邊給划船者加油打氣。

戀上大學城

因為老公的大學室友在杜賓根落地生根，我們只要有機會就往黑森林鑽，到那裡去讓大學城洗禮一番。安德斯（Anders Zmaila）是我家老爺的死黨，他與伴侶卡門（Carmen Kohnle）從大學時代就相戀到現在，兩人目前任教於黑森林南北不同的中學與專院，卻決定在中心點的杜賓根定居，還就在美麗的尼卡（Neka）河畔置產，那座老房子讓人仰頭一看，就不免驚嘆道：「哇，城堡豪宅！」纖柔細緻的卡門覺得，這樣的一個城市，讓人出走之後忍不住還是「想回家」。她不喜歡大城市的繁華複雜，即使現在每天要開1小時的車程上班，卡門就是覺得這裡是家，小而精緻毫不緊張。

安德斯也喜歡杜賓根的生活品質，他說這裡風味獨具，確實舒適宜居。劇院數家可以選，城堡就在住屋的上頭不遠，博物館3、4個，巷子鑽一鑽就到了果蔬市場前。酒館、街頭藝術、古董店、畫廊到處有，每2年還有一次大規模的「書慶」。連要找15、6世紀的貴族石棺，在市中心的史地夫茲教堂（Stiftskirche）裡都有14具。

安德斯說，杜賓根維持這樣原始的美貌，是居民世代公投自決的結果。在古城區（Altstadt）裡所有的建物，幾乎是一成不變地保存了下來。這個城市雖然不在鐵路或公路的主要幹線上，每年卻都有約250萬的單日遊客與近9萬的過夜旅客。到這裡就是走進了德國的中世紀，有的是閒逸，你如果太匆忙，路人一定會對你投以好奇的眼光。

1 杜賓根大學城的市中心。
2 ～ 4 學習德國杜賓根大學城的書生味
　　　與生活閒，有益身心延年益壽。
5 大學城學生混居民，教室就在住家裡。
6 杜賓根大學城的市街上就是學生混居
　　民，通常你也分不清誰是老師、誰是學
　　生、誰是觀光客、誰是真正的住民。

綠野仙蹤
德國庭園
樂無窮

德國人喜歡花，最好還要有花園的美麗讓人垂涎。就算在大城市沒有園庭的樓房，陽台上、窗台架，德國人都有辦法讓它們花花綠綠地向世界展望。

公共綠化空間任人徜徉

德國住家不僅是有私人花園、住宅區的幼兒小公園，通常住處約十幾分鐘的路程，散步一走就有真正的大公園。除了私人住家重視綠地，連逝者住的都很棒！我們常去墓園散步，而養老院、療養所、辦公處所甚至學生宿舍也一樣，通常都綠化得美觀大方。

我在海德堡的學生宿舍後頭就是森林，搬進了慕尼黑市中心，住家對面穿過北墓園就是偌大浩瀚的英國公園。公婆住的更不用說，從花園直接跳上泥道就是葡萄山丘，一路上到山頂不需要20分鐘。德國人對這些綠地也非常愛惜，不論公家或私有，週末就看得到他們在上頭鋤草或休憩、去森林散步或騎車、到公園蹓狗或騎馬、躺到湖邊唸書或曬太陽⋯⋯全都是德國人居家的樂趣。

① 德國的園藝學問不小，一進書店就知道。
② 德國人在自家還會闢個經濟作物區，種自己下口安心的果蔬。

打造自己的庭園樂趣

對綠野的需求私人化，最典型的做法就是把自家庭園玩在手上。德國人對花園的執著從設計開始就非常用心，不是東栽一株西放一叢的隨意。像我的德國公公會一開始就請設計師來畫花園設計圖，哪一塊種灌木、哪一區放經濟作物、大株李子樹不能砍、客廳玻璃門前要跨出去的藤架怎麼裝、玫瑰花應該擺在鄰家的界線旁……每一個項目都有書面上的「計劃」，然後依照計劃做出自己理想的美麗天堂。

德國人使用在花園的道具可多到不行，玫瑰要剪枝、蘋果要去果，什麼適合放在吊起來懸空的盆栽中，讓盛開的花朵垂下綻放。從噴池、雕塑、盆栽、培植土、溫室技術到自動澆水器，慎重的德國男女主人會到附近的庭園賣場一日遊，然後帶回相應的物品及道具。

就連綠化牆面也很用心。反正自家內外就是要綠油油加上花枝招展，否則德國鄰居一定會說你偷懶，不夠重視居家的美觀。你要是真的一直不管下去，還可能會有鄰居忍不住來告訴你，這樣會影響附近的房地價，對大家都沒好處啦！

> "德國人對花園的執著從設計開始就非常用心，不是東栽一株西放一叢的隨意。一開始就請設計師來畫花園設計圖，然後依照計劃做出自己理想的美麗天堂。"

花園小矮人的祕密

德國人在自己的住家庭園裡，要享受的就是戶外休閒卻不必出門的樂趣。而更大的樂趣還在自己裝潢。像是德國庭園中挺受歡迎的花園小矮人（Gartenzwerg），隨便走走就可以看到一整掛。據臆測，這些小矮人該是在1872年，由圖林根地區首創。之後大舉佔據德國庭園，傳說約有2500萬個這類雕塑或陶瓷分布在德國境內。

從小矮人紅帽白鬍的外型到設計，這些傳統的工技都有專利權。有些德國家庭收集小矮人興致盎然，從開家門的過道上就一整掛，排排站到花園口。小矮人在瑞士與奧地利的花園設計中也很受喜愛，這種庭園擺飾在19世紀末進軍英國，隨後蔓延到法國、美國。圖林根因小矮人而致富，成為德國外銷的貨源之一。

可是卻有人認為，小矮人只待在花園裡實在是太委屈了，於是1990年代末期在法國與義大利出現了「救救小矮人」的抗爭行動。他們把小矮人從花園裡「解放」出來，放到森林等野地上，說那才是他們「應該待的自然地方」。部分這些「被綁架」的花園小矮人還被帶到各處去旅行，在名勝古蹟處拍照後寄回給小矮人的主人看。就像法國電影《艾蜜莉的異想世界（Emily）》裡頭，女主角把她老爸的小矮人偷出來託空姐做世界遊，相片寄回去給足不出門的老爹，激勵他跨出家門一樣。

① 對綠野的需求私人化，德國人最典型的做法就是把自家庭園玩在手上。
② 德國人喜歡花，最好還要有花園的美麗讓人垂涎。
③ 公婆的鄰居勤於園耕，冬天也不休息的。
④ 德國庭園中受歡迎的花園小矮人，隨便走走就可以看到一整掛。
⑤～⑦ 德國花園花樣百態，光是美麗一把就讓人眼花繚亂。
⑧ 德國連逝者住的都很棒，墓園散步如公園，美觀又不可怕。

懷古說舊
德國人
情有獨鍾

說到對於建物與歷史的懷古說舊，德國人可情有獨鍾。走在德國小鎮的巷道裡，每一步的感覺都像旅行在時光隧道裡。即使是大城市中摩登高樓起，德國人也不會去拆古建築爭土地。

❶、❷ 即使是摩登大都會的德國首都柏林，裡頭也處處是古蹟，還全都明顯地夾雜在全新打造的新建築裡。

對歷史建築的重視

德國隨處古蹟斑斑，即使破舊卻都是國寶遺跡。在戰爭中炸毀了，就去翻出原設計圖來，外觀絕不更動，再造出一個「全新的古蹟」來。像是我學德文4個月的曼漢姆（Mannheim），就是一個這類「原物平地起」的代表城市。

幾乎沒有一個德國城市不是文化古城。德國的市政廳、大學、博物館等官方機構更是偏愛百年老建物，不僅是古蹟再利用，也一併定期維護。

拿山水迷人的海德堡（Heidelberg）來說，德國最古老的大學就在市中心坐鎮。中世紀的古堡屹立山頭，以18世紀的巴洛克建築風格環視四方。登上古堡一望，石橋、老城、聖靈大教堂、學生監獄，與隔山的哲學家步道（Philosophenweg）在河水潺潺中對望。跳到主街上，老建築

裡頭的小巷道隨便一鑽，整個中世紀就在
眼前晃。

新舊並陳的大都市

　　即使是摩登大都會的德國首都柏林
(Berlin)，裡頭也處處是古跡，還全都明顯
地夾雜在全新打造的新建築裡。像是帝國
國會大廈就是新舊建築設計合併的最佳典
範，柏林圍牆倒了紀念碑可倒不了，而柏
林大教堂、凱撒威廉紀念教堂、柏蘭登堡
大門、柏林市政廳、波登博物館等全都是
高齡老建物。對應著新起大樓，這些老東
西一樣金碧輝煌到令人炫目。

對歷史的誠實反省

除了綠地，德國的建物總是夾在教堂、藝術雕像、墓園與紀念碑裡。這是一個喜歡緬懷與紀念的民族，隨處一個角落都可以記載歷史的遺蹟與反省。就像對於二次世界大戰德國人可以誠實道歉一樣，德國的大戰紀念物在生活中隨目可見。例如柏林德國聯邦議會布蘭登堡的大門旁，在原是柏林圍牆所在的地基上，就造起了納粹大屠殺的紀念公園。

而為了紀念在二次世界大戰中犧牲的「敵軍」戰士，德國在一些主要的戰爭遺址都有蘇聯紅軍、西方盟軍的紀念碑和墓碑。除了新納粹主義者，這個國家上下一致嚴肅地認為，這是對戰爭受害者的一種尊嚴維護與起碼的道歉。德國政府還為了維護這些「古蹟」，每年投下數百萬歐元來修護。到了柏林附近還可以參觀大戰時的猶太集中營，當年罪魁禍首的德國領軍，大名相片、運屍車與解剖台都一率公布在營區裡。

偏愛「鄉村老樣」的德國人

在新舊相容並存的居住空間裡，即使要論到集體更新，都可能會出現住民公投，結果通常是又投票贊成蓋起「鄉村老樣」。這在老城鎮更新、重建或是新市鎮的建立時，尤其容易發生。上千住戶集體票決，選項可能是摩登大樓群、古宮廷型或是紅磚瓦屋獨棟的花園洋房，而通常都不出意外地，紅頂花園小房海一定會是最受歡迎的選擇。當飛機飛到這片家園的上空，居民可以很驕傲地告訴身邊的旅客：那是我們票決下的產物，紅瓦一片炊煙裊裊，美麗的家園呀！是的。喜新也愛舊，對建物的史蹟與典故，德國人就是情有獨鍾。

① 德國西南邊諾以威爾鎮的紅頂花園小房海，世代都受到歡迎喜愛。

②～④ 走在德國巴登巴登近小鎮的巷道裡，百年老屋到處林立，每一步的感覺都像在時光隧道裡。

⑤、⑥ 海德堡山水迷人，主街上、小巷道隨便一鑽，整個中世紀就在眼前晃。

PART FOUR

DER TRANSPORT

德 國 人 的 行

陸海空
條條路線
德國通

德國的交通建設非常發達，陸、海、空運一應俱全。極度複雜的鐵路，可能會難倒初來乍到的旅客；但如果提早規劃，還可以有額外的優惠喔！

① 德國的公共交通系統非常好，外出上天下海過河越邦都不是問題。問題只在你多早計畫，預算夠不夠而已。
② 德國陸空線路發達，卻沒有放棄船線。

　　德國的公共交通系統非常好，外出除了公車（Bus），小城市有電街車（Strassenbahn），大城市有地鐵（U-Bahn）或捷運（S-Bahn），遠一點的就靠火車、飛機或船運，上天下海過河越邦都不是問題。問題只在你多早計畫，預算夠不夠而已。

多重選擇的交通設施

　　德國的火車整齊清潔速度快，跨城市特快火車ICE可達最高時速300公里。坐在這上頭，感覺真像是坐上了在地上跑的飛機！德國火車早買便宜得多，這是愛計畫的德國人才有的習慣，有些人半年8個月之前就訂票了。至於團購或哪種等級的車，要不要臥舖或頭等艙，要看路線、車種而定，不能一概而論。

　　電街車主要是為了串聯都市各區塊，

如何搭乘德國的公車系統：

1. > 通常德國公車上的司機都有售票，所以搭公車可以上車再買票。
2. > 但是要搭電街車或地鐵通常就一定要預先購票，免得查票員出現突檢時你拿不出票來，搭霸王車的罰款可不輕。
3. > 德國狗上車也是要買票的（貓就不用），所以你也會看到帶狗上車的「狗票」也在自動販賣機上販賣。如果販賣機上畫上2個大人形、2個小人形、加上蹲1隻狗在旁邊的，保證是家庭票。

雖然速度慢了點，卻是選來瀏覽都市風景最好的交通工具。大城市的地鐵或捷運銜接衛星城市，跑得就更遠。而在小市鎮裡頭，光是公車就很方便。德國公車、電街車、捷運、地鐵有一個世界無敵的特色，那就是準時無比。這不僅僅是路線規劃的問題，整個都市的流動機能、司機與乘客的素質，完全都是支援要素地包含在裡面。我在德國搭車最享受的就是時間。看錶還差個5分鐘，可以去前頭的提款機提個錢；差個10分鐘，乾脆就進去車站旁的書店，翻翻近期新書再出來，沒有等候的煩躁，還省去了寒冬在街頭等車的痛苦。

很離奇的是，德國路空線路發達，卻沒有放棄船運。

我在曼漢姆學德文時，每到週末晃去萊茵河邊散步，總是驚訝於船來船往的繁忙。德國主要幾條的河流或運河，無論通不通海，總是有大商船、貨船或垃圾船在上頭轉。長長一整艘不見人，只有旗幟或貨櫃。人要坐的船也不是沒有，河面上沿岸漂亮的區段都有載客的郵輪，帶客1日或半日遊。

德國公車、電街車、捷運、地鐵都準時無比。
不僅是路線規劃有素，整個都市的流動機能、司機與乘客的素質等全都是支援要素。

無比複雜的票務系統

各邦自治，各城市的票務也不同到足以讓陌生客發昏。從自動販賣機到書面票務系統的解釋，我每到一個德國的新地方，光是研究當地的車票使用原則就要花很多時間。有沒有連日票、全天票、團體票、學生票、特惠票？可以在自動販賣機上買還是一定要去售票窗口排隊？特惠票或全天票包括所有的公共交通工具嗎？還是公車的票要另買？反方向使用可以嗎？或是只有幾站內可行，過了就不行？

喜歡「詳細規則」的德國人，光在票務上就可以讓你見識到什麼叫複雜。最受稱讚的到目前是柏林，一票通到底沒有方向、車種搞昏你，只有時間限定。海德堡也不差，最複雜的是慕尼黑，這也是幾度歐洲大城市觀光便利調查時，慕尼黑在交通票務複雜度上最受挑剔、得分最低的原因。

在德國很多地方即使是大城市，連機場都差不多，自動販賣機上都只有德文，所以，不懂德文的人過境可能需要「看圖形求生存」。再不然，就抓個路人問一問。德國人不愛笑，但是有求還是必應的。否則找個旅遊詢問處，詳細問問也是辦法之一。無論如何，條條路線德國都通，不管陸海空。

◎網站推薦

1.德國鐵路官方網址：

　http://www.bahn.de

2.旅遊卡可以找：

　www.bahncard-service.de

　利用德國鐵路系統，可以搭配各城市公共交通工具安全舒適地去旅行。

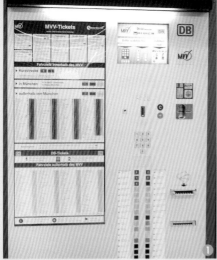

1. 慕尼黑的自動地鐵、捷運票販賣機，上頭只有德文，分要抵達的地點有不同色按鈕，不同色代表著半價小孩或狗票、成人票以及來回票，另外還有不同鈕可以區分出老年票、團體票、家庭票、週末票、零售分格區段票等等，可以投幣、投鈔或用特定的信用卡付款。

2. 德國火車德鐵寬敞舒適，普通二等票若包廂有空位就可以進去坐，裡面有摺疊桌、充電插座。

3. 德國電街車速度是慢了點，卻是選來瀏覽都市風景最好的交通工具。

4. ～5. 德國交通工具整齊清潔又快速，不論新舊搭起來都很舒服。

6. 不管陸海空，固定景點連馬車都有提供。

7. 德國火車整齊清潔速度快，跨城市特快ICE可達最高時速300公里。

德國人飆腳踏車代步

① 、② 德國的公共交通工具很多，但是要說起最環保的私人交通工具，那就非腳踏車莫屬。
③ 德國人的腳踏車能力從小訓練，幾乎是未來開4輪車的前部曲。
④ 德國的騎車高手搖身一變，個個也都是修車高手。

德國的公共交通工具很多，但是要說起最環保的私人交通工具，那就非腳踏車莫屬。從8歲到80歲，串聯起自家住宅與大眾交通工具，非它莫屬！

用腳踏車串聯德國

腳踏車省油、體積小又方便，是許多德國人的代步選擇。尤其到了夏天，騎腳踏車上下班的可大有人在。德國腳踏車交通的便利深深融入生活中，與其無所不通的「專用腳踏車道（Radweg）」設計絕對有關。這個國家不但在公路旁通常都附帶著腳踏車專線，在一般汽車到不了的地方，尤其是風景絕佳的環湖、沿河、攀山、過園、穿坡等處，腳踏車都有自己的特權路線。整個德國幾乎都可以用腳踏車串聯，而德國人騎腳踏車還快狠準，衝向前的速度可嚇人！

如果，可以在德國的腳踏車道上慢慢騎，那確實是絕佳的享受。整條車道有時綿長無邊際，兩旁只有綠蔭高樹一路伴你。森林裡有人騎車蹓大狗，也有人騎車蹓小狗或小孩，樣子都閒逸可愛。蹓狗算簡單，大狗自己會跟也愛跑跳。蹓小孩或小狗要看狀況，德國父母的方法可不少，有些是一家都在「一輛」腳踏車上，多輛接在一起一塊騎，也有的是在自己的腳踏車後頭加一小輛帳蓬車，讓小狗或孩子坐在裡面「晃跑」。

"
風景絕佳的環湖、沿河、攀山、過園、穿坡等處，腳踏車都有自己的特權路線。整個德國幾乎都可以用腳踏車串聯，而德國人騎腳踏車還快狠準，衝向前的速度可嚇人呢！"

親身體驗單車便利

我剛到慕尼黑求學時，郊外的學生宿舍不連地鐵，也就是必須先搭乘接地鐵的公車15分鐘後，才能連到地鐵站，這還是當時慕尼黑最長一條地鐵線的終點站。知道我要搭公車的德國室友們都建議我，應該要有一輛腳踏車。而果然也沒錯，這幾乎就是郊外求生的必備工具之一。而不管是否在郊外，德國大學生的交通工具，放眼望去根本就是腳踏車一統天下的鐵馬王國。

許多德國人住在公車週六日不開、晚上8點後沒班的外環市鎮，靠的就是腳踏車來闖蕩江湖。一車在手確實自由就上手。有時候跟朋友週末聚個會就鬧到深夜，這時候即使在市中心，地鐵就算有也要1、2小時一班。這種聚會11點左右會散去的那批，都是搶搭最後一班地鐵的。過了這

個時間還敢逗留的，就是自己有輛「鐵馬轎車」，不花油、只花力氣就可以騎回家的！

德國腳踏車種類也多，摺疊式、翹屁股、10段變速、躺著騎的都有。他們還會跟你說都是台灣來的，你們台灣人做的腳踏車可好又貴呀。我在弗來堡看到好幾次躺著騎車的腳踏車「騎士」。那真是城市景觀之一，路過之處都是羨慕驚嘆的眼光，炫到不行。

德國人「飆」腳踏車

德國人行必有法，腳踏車專用道也一樣，受到德國的「道路交通法規」一併拘束，不管是權利或義務。德國出現騎車專用道的原始目的有三，首先是顧及騎車者安全，其次是促進郊遊與觀光，再來是疏減一般動力車道的交通量。後兩者的目的

❶ 德國腳踏車道環湖越山，健身悅目一起來。
❷ 德國父母帶孩子騎車的方法可不少，一起在一輛車上，或是後頭接小輛帳篷車「跟著跑」的都有。
❸ 德國腳踏車種類也多，要躺著騎也有。
❹ 德國大學的學生宿舍裡尤其是腳踏車的王國。

都算成功，但是在安全方面卻因為車速過高屢生意外而飽受抨擊。

　　無論如何，如果沒人在後頭追趕你，德國的腳踏車道還是值得在上頭騎騎。追風曬太陽享綠蔭，童話德國的境界就在這裡。

全民的交通工具

　　德國重型機車雖然名聞世界，但是不管輕重型，德國人用之代步的都不多，主要是油價貴又空污嚴重。除了重型機車愛好者會買來玩玩，很少有德國家庭用機車當日常交通工具。相對的，德國人從98歲的老先生到2歲半的小孩童都上得了腳踏車，不管是邊騎邊聊天或攜伴逛街去郊遊，他們的技術都好到讓人瞠目結舌。德國人騎腳踏車的「車齡」非常早，很多小孩子才會搖搖晃晃的走不久，爸媽就給他弄一輛符合身高的兒童兩輪腳踏車來練習。而除了騎車之外，邊騎還邊學著自己解決問題，所以德國的騎車高手搖身一變，個個也都是修車高手。

德國人將愛車融入生活

問德國男人的最愛，超過8成的人會告訴你：汽車、足球跟啤酒。週末假日不僅會把自己的愛車保養得光亮如新，他們更歡迎與朋友們共乘，經濟實惠又環保。

德國男人的愛車情結，多少跟他們血液裡流著的機械天份有關係。在德國路上跑，我很難看到我定義裡的舊車，因為重視維修的德國男人，老是把開了十多年的老車維護得幾乎全新。而每週的清洗上蠟不是只洗外殼，絕對是從裡到外的吸塵、抹擦。德國女人愛理家，德國男人愛清車，裡裡外外都不放過的。

保養愛車功力高

除了每2年1次的官方車檢，德國男人幾乎每週，都會來一次自己的「私檢」。對德國人說：「你的車保養得看不出車齡」，可是一項大恭維。愛護自己的車子讓它老不了，德國男人的這項功力可勝過愛妻。老爺車因此也多，還多是「年資老外型不老」，讓車主隨時都可以炫耀。而定期舉行的「老車大會合」、「金龜車相

親會」，更是讓這些「老」車主好好現寶的快樂時候。

互助共乘蔚為風氣

沒車沒關係，在德國也有搭便車的可能性。在各大交流道口，不小心可能會瞥到拿著大字條寫上「柏林」、「科隆」等地點的人，這些字條表示他們想要抵達的城市，如果你順路又有位置，好心看那路邊人順眼，就可以讓他們上車跑一程。除此之外，各大學、機關行號的公佈欄上，經常也看得到「拉車客」的紙條。像是有人在愛爾郎恩工作或上大學，每個週末都要開3個小時車回南邊的家，通常他們就會貼出這類字條邀人共乘共攤油資，一路上還有人聊天作伴。

這一類的互助組織在德國相當普遍。我在海德堡上課時，朋友從南邊來找我，都會先去查查看大學裡的這種公告，搭個便車攤個油資，一路幾乎不用停地就直達目的地。有些還順便就約好週日晚間或週一一大早的回程，如此來回就都一併解決了。其實固定線路開熟後，不久就會有共乘的「熟客」了。

愛護自己的車子也維護到「共乘系統」，確實把德國人的組織性與團結性表露無疑。當然德國的社會穩定性高，彼此的誠信度也高，所以能夠支撐這一類的互助系統，循環持續下去。這種方式不但環保，還省油、省錢、方便又省時。要說到協調合作一起節約的共識，確實非常值得向德國人學習。

①、② 柏林的城市旅遊車,專門服務旅客。
③ 德國掃街車,看到行人請讓。
④ 德國老車不丟,保存起來當古蹟裝飾給路人觀賞。
⑤ 在德國買車最棒的一點是,賓士以及BMW「雙B」都是他們的國產車。
⑥ 德國計程車滿街跑,幾乎都是賓士隨你叫。
⑦ 每到換季時間,就會看到德國男人們在院子裡加班忙著換車胎。
⑧ 德國人的「共乘系統」省油省錢方便又省時,確實非常值得學習。

連計程車也是雙B的!

在德國買車最棒的一點是,賓士以及BMW「雙B」都是國產車。他們的賓士車用台灣一半的錢就買到了,養車都自己維修,實在不花大錢。在德國幾乎所有的公務車、公車、計程車、救護車、警察車、甚至垃圾車等都是愛用國貨的雙B車系。性能好、引擎佳、鋼板強,使用者坐來開來都安心。德國人對自己的國產車可是很驕傲的。

在德國搭計程車還有一項好處,如果要去機場的行李與人頭多,你可以在叫車的時候註明。通常車行就會派一部大點的車子來給你,我好幾次帶人去機場就都得到這樣的「優惠待遇」。車資照一般小計程車的跳錶,絕不另外加費,這點德國人很誠實。只不過司機幫你上下搬行李,小費要多給一點就是了。而德國各大車站都問得到出租汽車的訊息,柏林、慕尼黑等大城市還可以出租腳踏車讓人數日遊!

世界名車盡在德國

根據最新資料顯示,德國人還是愛用國貨,2018年的德國最佳銷售車輛仍是國產的「國民車」福斯Volkswagen(VW),還以雙倍於第2名賓士的賣出量高居第一。BMW擠下奧迪Audi搶到第3,福特Ford第5,歐寶Opel第6。也就是在德國路上奔馳的前幾名車種,幾乎都是自家傳統好車,還長年居高不下。
德國國家電動車平台最新報告顯示,德國新登記的電動車數量翻倍,截至2017年的註冊數量為13.1萬輛,高居全球電動車成長最快的國家。德國政府推動「電動車使用計畫」是從2016年開始,以部分由德國汽車產業挹注的資金約10億歐元,來推廣綠色交通轉型。

不限速高速公路奇景多

要問很多外國人德國境內最驚險的地方，幾乎百分之百自己有開車經驗的人都會說：「高速公路！」在這盛產賽車手的國度，可得有兩把刷子才能上路。

賽車手的國度

在德國高速公路上，我體驗到這個國家為什麼會產出世界最佳的賽車王。那上頭個個都是舒馬赫。而翻看報上的問卷調查，果然德國司機有超過80%的比例認為自己是「特優」駕駛。這就難怪他們無法忍受別人的駕駛技術，總覺得別人開得太慢或開錯了。

我那德國公公的賓士車，上了高速公路就是要飆到底，500公里的路他老人家只開3個小時，屈指算算平均時速超過166公里。我搭過的最快時速是220公里，那是大學德國女助教的紅色新跑車，從慕尼黑上高速公路奔往教授家作客時就是這麼衝的。也有台灣同學把德國高速公路拿來「享受速度」，一位男同學租了輛日本小車居然也敢在上頭奔到200公里。小車開快全身動，老覺得4輪根本沒著地，躍「飛」在空。

> 高速公路狂飆是一回事，這可都不影響德國人遵守交通標誌，以及他們在公路上的互助精神。

高速公路沒路燈？

德國高速公路沒有路燈。你問德國人為什麼？他們會回說：「每一輛車不是自己都有車燈嗎？」高速公路狂飆是一回事，這可都不影響德國人遵守交通標誌，以及他們在公路上的互助精神。德國高速公路雖然原則上是不限速，但是在部分塞車的區段，或是整修道路、意外發生、濃霧、大雨出現時，都可能出現緊急限速。這種時候你會發現來車跟你「溝通」，那就是閃一兩下遠光燈的「暗示」。

道路語言多功能

德國這種「道路語言」的功能很多，接到了來車閃燈「訊息」的司機可以打開收音機聽聽看交通電台。如果電台都沒有透露異樣，那就很可能是前頭有警察或是超速照相機，你的「德國對車夥伴」已經提前警告你！「道路語言」也包括「類同」問候，也就是看到同鄉車牌或是同款的金龜老車，他們過車時會按個喇叭揮手致意一下。而如果你在前頭讓路或是在路上有什麼好心之舉，德國司機也會舉起手來5指伸出縮一下，有禮貌地空中表示感激。

德國人在道路上的好心我享受過數次。一次是老公忘了加油，在下高速公路的交流道上油罄停下。後頭一輛車子馬上停下問說是否需要幫忙？我們就這樣被陌生人用耐力繩子拉著沒油的老爺車，下到最近的加油站去。而幾乎每一次在高速公路上，我們因為突然緊急需要拿什麼在後車箱的東西而停下，都會有德國人專門停車下來問我們說：「需要幫忙嗎？」

飆車不忘上教堂

德國的高速公路設有不同樣式的休息站，最簡單的只有天然廁所，其次是附餐飲或住房的休息站。要祈禱也有地方去，德國高速公路的奇景之一是「高速公路教堂（Autobahnkirchen und -kapellen）」。全國約有23座分布，讓人思念上帝的時候可以隨時去瞧瞧。另一個是重型摩托車，在德國也上得了高速公路，就看他們風馳電掣全副皮裝，在高速公路上與德國4輪快車拼高下。

小心野生動物

德國的高速公路跟一般省道或公路一樣，交通標誌都清晰龐大。有一種特殊的標記通常只掛在森林或國家公園附近，那就是劃上有麋鹿等大型動物的交通號記。

這是表示附近有這類的動物經常進出，請駕駛人多注意。尤其是晚上，動物跑到公路上遇光發呆，駕駛一不注意就很容易撞上動物，或是被驚嚇而造成嚴重意外或肇事駕駛。我住在慕尼黑城郊時，路面上最常看到的不是麋鹿，而是刺蝟跟兔子的血肉糢糊，場面驚悚駭人。

德國開車ABC

台灣前往德國的觀光客租車旅遊，首先要確定你的駕照在該國被認可通用（有效期限內的國際駕照與台灣駕照），其次是先嘗試了解各種有異於台灣的交通符號，再來是熟記你要下的交流道名稱。因為德文地名有時候很長，高速公路上頭又跑得快，最好請車上夥伴幫忙一起看。看到之後要開始換線道往右邊移動，免得到時候被擋在裡頭「出」不來。當然，如果你的車不夠快，那可千萬別去內線道跟一大堆賽車手搶快……

① 、 ② 德國境內最驚險的地方可能是高速公路！

③ 重型摩托車在德國也上得了高速公路，風馳電掣與德國四輪快車拼高下。

④ 、 ⑤ 德國高速公路沒有路燈也不限速，但是德文指標很清楚。

⑥ 德國高速公路在部分塞車的區段，或是整修道路或意外發生時還是會出現緊急限速。

⑦ 在德國高速公路上頭，個個都是賽車王舒瑪赫。各車道的速限沒有明文規定，但是左內線到通常是超高快速道，雙B賽車都在上頭跑。往外一條慢速一些，依此類推。

共乘分享 經濟 不退流行

德國共享經濟深入民間，大家都知道若能合作一起來，就可共同享受更實惠的果實。追根究柢，這跟德國人講究團結互助的民族性有很大的關係。

省錢又便利的互惠共乘

在德國留學時，我自己跟身邊的大學生們都經常以共乘分享的方式出遠門。

那是手機尚未發達、沒有社交網路協助的年代，大學的公共張貼欄經常有共乘招貼，最受歡迎的就是週末或假期共乘制，在看板上找自己想去的地點跟適合的時間，打個電話約定，時候到了就可以帶著行李上路。一路上要聊天要睡覺都隨便，到目的地算一下油錢除以人數，送上比一般車資要少很多的共乘費，加上幾聲道謝，就可以揮手說再見。

這種低價、快速又便捷的共乘制，讓我在當留學生時省了不少交通費。而且搭上幾次固定路線後就會出現熟客群，以後連看板都不用找了，要約直接約。

> 共享經濟模式曾是德國老社會的一種生存概念，在資本主義的強力消費推動下一度低迷，現在又捲土重來，還很可能像智慧型手機顛覆傳統相機跟錄影機一般，全面顛覆以「擁有」為概念的消費市場。

❶ 德國一些鄉下小村的大烤爐柴燒出來的味道就是不一樣，不只省能源又可以話家常。

各式共享資源發酵中

像是德國一些鄉下小村中仍保存著中央柴燒大烤爐，因為舊時代不是每戶都有能力蓋廚房，大家協調一下使用時間就可以「一爐共用」養全村。有些中央烤爐到了摩登時代為了紀念被留下，各家雖有了自己的廚房跟烤箱，但柴燒碳烤味道就是不一樣，一起烤還省能源，這家放進的披薩滿村飄香，隔壁趕快揉個麵皮，趁著柴火還熱就把明天早餐的麵包烤上，聚在一起還可以聊天話家常，老一輩的村民最愛這濃濃的鄉村味。

這種共享經濟奠基在互助盛行、信任度高的民間，近年來因經濟吃緊跟社交網路的雙推下更蓬勃，有些人現在碰面的開場白已變成：「你今天共享了什麼？」連德國各地農會也早有共享管道，只要上網就可以找到交換使用農作機械的對象，網上

付費後可租借使用。德國大城市或熱門景點的居民也比以往更熱衷上網出租房間，甚至還有人提供院子讓旅客搭帳篷夜宿。在柏林因一度太盛行，逼迫政府發布相關禁令讓一般公寓回歸正常的租屋市場，緩解租房不夠的壓力。

共享經濟從搭乘交通逐漸擴張出去，不但德國郵購商也開始投入共享區塊，未來高檔電視、洗衣機、健身器到咖啡機等電子產品買借均可。新時代還連衣櫥都可共

享。德國在年前出現第一家專門出租高檔衣的「服飾圖書館」，由兩位女性開設，客戶可在該公司網頁上提出個人需求，這家公司就會推薦服飾來供選擇。愛用者可簽長約，月繳約30歐元就可租穿4套名牌服飾。許多人算算這比買新衣服划算，還不占自己的衣櫥空間，何樂不為？

共享經濟在歐洲快速增長，光在德國市值就已超過2百億歐元，從共享汽車、住房、菜園、圖書、音樂、玩具、烤爐、農機、單車、共乘、家電到衣物都有，項目還不斷增多。據統計已有高達近4成的德國人使用，在歐洲6國調查中顯示德國的共享經濟規模最大，預測將突破240億歐元。有不少愛用者甚至揚言以後甚麼都不買，光用租的就夠！

人際互動，也環保愛地球

在過去，共享經濟模式曾是德國老社會的一種生存概念，在資本主義的強力消費推動下一度低迷，現在又捲土重來，還很可能像智慧型手機顛覆傳統相機跟錄影機一般，全面顛覆以「擁有」為概念的消費市場，用「一時性使用」的觀念來取代。德國的這個趨勢也激勵著全球的共享經濟值發展，有調查顯示不分男女都愛用，教育程度越高者對共享經濟的使用率也越高。其中，18到39歲年齡群更是超過半數的愛用主力。

共享經濟的絕對優勢是價格優惠、更直接的人際互動以及更環保愛地球。但當然也有缺點，有些使用者認為共享物易損、品質易有瑕疵跟安全的考量等都是問題。原則上歐盟對共享經濟的態度是正面支持，一份相關報告中就指出各國該給

① 共享經濟的絕對優勢是價格優惠、更直接的人際互動以及更環
保愛地球。

②、③ 共享經濟在德國民間早已根深蒂固，過去曾是德國老社
會的一種生存概念。

Airbnb和Uber這樣的共享企業繼續發展，
不是頻以高額罰款和禁令來阻止其營業。

　共享經濟在德國民間早已根深蒂固，問
題在未來要發展成多大規模、跟傳統產業
間如何尋找平衡共存，以及如何防止剝削
暗藏等。因為共享模式中不但較有人性，
更能夠循環利用資源，對每個家庭跟地球
也都更有利益。

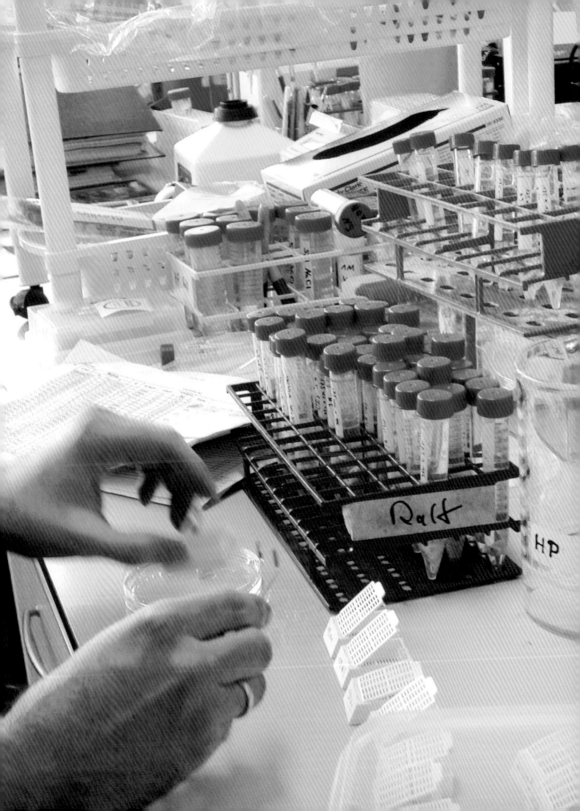

PART FIVE

DIE AUSBILDUNG

德 國 人 的 育

德國人尊重隱私，不怕上法庭

習慣用「有男(女)友嗎？」「什麼時候結婚？」「1個月賺多少錢？」這種開場當問候的人，在德國可要小心了。以上這些全屬於隱私，在相當尊重隱私的德國社會裡，就算是近親家人也可能不會開口問。

不隨便過問私事的性格

留德期間我在慕尼黑的大公司西門子(Siemens)總部打工，發現辦公室同事完全不會在工作場合談私事。有次坐對面的同事為了小孩生病被學校通知去帶回家，一位暑期打工的亞洲男生隨口問：「這同事幾個孩子呀？」坐我旁邊的資深德國人馬上回說不知道，還補一句：「我從來不問同事私事。」這讓我心中一驚，這兩人在公司都有15年以上的資歷，彼此坐對面至少也有7、8年，居然可以如此「公私分明」！

在德國因為尊重隱私，也影響到人際關係的區分。德文裡就相當嚴謹地區分出「朋友」跟「認識的人」，不會攏統地將所有認識的人都簡稱為朋友。所以當有德國人真的將我稱為朋友時，我會放心地知道這是「真朋友」。不像有些語言會將所有認識者一律叫朋友，再從這類統稱中區

分出「普通朋友」或「深交」。在這些關係上，德國人也是從稱呼中就一刀兩分，開門見山的。

淺談德國「隱私權」

在德國，「隱私權」會受到法律的相當保障是眾所皆知的事，因此偷拆別人信件，包括自己的親族或兒女，原則上都不受允許。這衍生出的問題就是：「隱私權的範圍該有多大？」對此德國人很勇於上法院，讓私人紛爭在法庭作最後定奪。因此我在研修德國法律時，常訝異於該國人對簿公堂案例之繁瑣，從樹果自落鄰家園地、父母是否該承擔老兒子的大學學雜費、失業女是否該接受政府職業仲介局提供的性從業工作等，層出不窮。

例如曾驚動國際的案例是一名德國女性與一名夜陪男，在慕尼黑酒店性交後生子，她只知這位陪男的外場名。但同一時間該酒店還有另外3個同名人入住。這位女性向法院提出要求，希望酒店提供所有4位同名男的個資，以確定誰是孩子的生父的，結果被法院拒絕。理由是原告「不確定這男子是否使用真名」，提供更多的資料將增加個資「被隨意透露的風險」，而這4名男子都有權「掌握自己的個資，來保護他們各有的婚姻和家庭」，因此法院認為這些男人的隱私權，高於要求他承擔孩子贍養費的責任。

> 在德國唸法律，完全體會得到德國人尊重司法判決的精神。這是建立在一種民間對制度強烈的信任基礎上，也因此少有敗訴者大喊「司法不公」的現象。

德國的隱私法當然也涵蓋職業範圍，像是醫療人員絕不能透露病人資料，除非有證據證明病人會犯嚴重罪行。這項規定向來被嚴格執行，但是年前因一名憂鬱症機師帶著全機衝進法國山谷空難後，已出現如何處理機師病歷隱私及保障客機安全的全面探討，以避免隱私保護過度所造成的災難。

最嚴格隱私法

德國在歐洲各國當中有最嚴格的隱私法，起源於二戰納粹和冷戰共產東德時期，發生過大規模侵犯人權的歷史背景。當時的政府鼓勵告密、監聽，嚴重侵害公民人權和隱私。因此戰後德國逐步確認隱私權、名譽權、肖像權等都屬於一般人格權的保障範圍。只是在各種特殊案例上必須再釐清界線。

法院與政府展現的公信力

德國隱私法當然受到新世代的挑戰，尤其是社交媒體方面。近期的轟動案件就涉及臉書使用。一名車禍致死少女的家長希望過濾女兒的臉書帳號，以探究這是意外或自殺，被臉書管理者基於隱私權而拒絕。在初審時被一級法院判德國隱私權勝過家長權，而拒絕原告要求。死者家長不甘繼續上訴，最高法院最後推翻前判，認為這與家長繼承孩子的日記或信件一樣，也可繼承孩子在社交媒體上的數據資料，才終於讓原告家長勝訴。

在德國唸法律，完全體會得到德國人尊重司法判決的精神。這是建立在一種民間對制度強烈的信任基礎上，也因此少有敗訴者大喊「司法不公」的現象。在這些訴訟案中，可釐清很多在制定法規時難免出現的模糊地帶，更有助於未來修改法規時

①～③ 在尊重隱私的德國社會裡，人際關係也因此顯出不同。

作參考。而德國人不只是對法院有信心，眾所周知德國的稅收重又多，連環保稅、教堂稅、統一稅都有，一次曾有德國同事告訴我：「收這些錢讓我有安穩乾淨的環境，其實也是應該的。」讓我深覺某些德國人對政府的信任，應該也是天下無敵的！

德國人教育扎實重基礎

德國是一個非常重視教育的民族，不僅是學校教育，家庭教育也是。而這種教育不是評比式的分數或打罵教育，而是一種全面性的、以行為做基礎的生活教育。

我認識的所有德國家庭都教導孩子愛護動物、尊重生命、注重環保、珍惜森林、不在公共場合大聲說話吆喝。他們這種教導不是等孩子長到會說話後才開始，而是從出生開始，就在生活行為中灌輸。

從出生開始的生活教育

我有一次搭火車，桌子對面坐的是一位年輕的德國母親，一路上4、5個小時就都抱著她那剛會爬的兒子。小嬰兒當然好奇，每一分鐘都設法要爬上桌子，而只要他把腳一抬上桌面，這位母親就把他抓下來，一路上重複著這個動作不厭其煩。嬰孩幾次伸手過來抓我的書或筆，母親會不慌不忙地把東西拿下來放回原位，小聲跟我說對不起，也小聲跟那根本還不會說人話的兒子說：「別人的東西是不可以沒經過同意亂拿的，你應該先問這位女士的。」這位母親的耐心跟脾氣，實在是讓我印象深刻不已。

而她不是我唯一一看到在公共場合這樣教導孩子的德國母親。即使那個嬰孩還很小，即使母親知道嬰兒的行為會得到原諒，但是機會教育隨時存在，裡頭沒有

> 德國的國民教育扎實，
> 很重實習、報告與上台
> 演練，不只是填鴨式的
> 教育。德國政府將教育
> 視為國家的責任，公立
> 系統從幼稚園到博士畢業都不收費用。

情緒激動或做給人看的表演秀。德國人一般國民素質高，他們不會在公共場合喧嘩、不會把腳蹺在地鐵的座位上、更不可能隨地丟垃圾或吐痰。他們也知道祖先在二次世界大戰犯的錯，一提到就會說道歉。

免費又扎實的公共教育體系

德國的國民教育扎實，很重實習、報告與上台演練，不只是填鴨式的教育。這種教育還涵蓋了移民教育，許多土耳其外勞的孩子到上學年齡還不會說德語的，都必須先接受特別課程來讓他們先熟悉德語學習環境。

德國政府將教育視為國家的責任，公立學校從幼園到博士班，原則上都免費，除了巴伐利亞等邦對「非歐盟」學生收取一些費用外。通常每學期頂多交個學生會或行政費，外國與本國學生待遇相同，只要學校批准你來念。連住宿、交通、看電影和許多博物館門票等，都有優惠。

德國公立大學超過300多所，法定每人有著按照其個性的發展、愛好與能力自由選擇學校與職場的權利。教育政策是希望讓每個人盡可能地獲得最理想的啟發與培養，公共預算中對於教育的支出很龐大。

無功不受祿的德國人

公私分明、無功不受祿的觀念在德國尤其強烈。所謂「祿」指的是正祿，德國人對賄賂的定義，遠比東方送禮文化結構下的社會嚴格。除了生日、耶誕節或宴客攜禮，這個民族幾乎沒有送禮文化。出門旅遊一下就要買禮物回來送的習俗，在德國是沒聽過的。他們的習俗是在旅遊當地寄一張明信片給你。而在家裡的規矩也不少，像是整理房間或是上完廁所蓋馬桶等，各家各有規矩。

誠實「價」真高！

德國人大多流著追求真理、誠實面對生命的血液，這種態度也傳承在教育中。他們無法像英國人一般，把心口不實當成生活的禮貌。如果他們不喜歡什麼東西，就很難裝出喜歡的表情。他們也同樣希望對方坦率地說出真心話，用拐彎抹角來寄望德國人「領會含義」，保證你很快就陣亡。他們也為自己的心口一致而驕傲，認為這才是人本精神呀。

但是令德國人不解的是，他們的誠實精神有時候居然無法得到褒獎，甚至被外國人怪罪為不夠圓通或不禮貌。雖然真相是令人心痛的，但是誠實更可貴、真理價更高不是嗎？這是德國人的信仰，你拿他們一點也沒辦法。

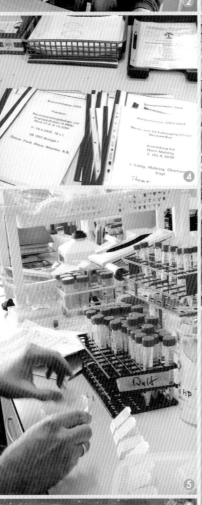

1. 德國家庭教育不是評比式，而是一種全面性的、以行為做基礎的生活教育。

2. 德國的家庭教導不等孩子會說話，從出生開始就在生活行為中灌輸。

3. 德國政府將教育視為國家的責任，公立系統從幼稚園到博士畢業都不收費。

4. 、5. 德國的教育扎實重實習、報告，不只是填鴨式的教育。

6. 德國公立大學超過300多所，法律上就規定著權利。

7. 德國人流著追求真理、誠實面對生命的血液，這種態度也傳承在教育中。

8. 德國人一般國民素質高，機會教育裡沒有情緒激動或做給人看的表演秀。

德國人均衡個人與群體、健身與法治

德國人重視運動，也尊重法治。也就是身體上的健康與法治上的健康齊重，這在其他的民族或社群裡實在少見。

德國人在體內需求與外在系統之間、在尊重權威（不是特權）與接受領導之間、在自我誠實又尊重隱私之間，相對存在著一種難得的調和。

對內：融入生活的強身觀

德國人的運動強身是一種生活意識，他們很注重私人時間的分配。真正愛運動的人通常等不到週末，每週就要上2次健身房，或是每天至少1個小時的慢跑。不愛運動的人也會在週末與親人或朋友外出走走。我在路得維希港（Ludwigshafen）暫住1個月時的德國女室友，每天放學一定都要出門讓自己汗流浹背2個小時，跑步、滑板、游泳、滑輪樣樣都來。她告訴我，運動讓她身心平衡情緒穩定，一天不這樣動她就渾身不舒服，覺得自己有病。

德國人的運動方式很多，騎單車、爬

山健行、划船、滑雪各式不同,群聚的網球、桌球、羽毛球類等運動更是存在於各種組織機構中,登記成群就定期聚會拼打一番。還有不少男人自己買船來划,一個我認識的德國家庭就買下一大艘雙槳帆船,租船屋加入划船協會,夏日的所有週末就是舉家到湖邊野餐,上湖「蹓帆船」,連我都上去一起蹓了好幾次。

對外:周全細膩的法治觀

　　健康的身體是健全內在組織,外在的社群呢?令我非常驚訝的是他們的法治觀。這個國家釀酒有法、住居有法、隱私、寧靜都有法,他們重邏輯好辯論又得理不饒人,根據的都是法。講不通沒關係,告上法庭讓法官裁判去。這是一個一定要有遊戲規則才玩遊戲的民族,也是一個講求法治與信任法系統的社群。

> 這個國家釀酒有法、住居有法、隱私、寧靜都有法，他們重邏輯好辯論又得理不饒人，根據的都是法。

保護一般民眾的健康也有法。像是德國政府有關住宅熱源的法令，其中就有規定房屋的建材必須符合一定的保暖標準、房東不得無故關掉或調低暖氣、房客不得因節省關熱而造成鄰居的熱源損失等。

勞工法更是世界一級棒，除了每週有一定的固定工時，每年有1個月以上的發薪年假，還有規定雇主不能無故延長工時的營業時間法。連郵差用拖車不背重的方式，也是基於對勞工身體的保護。這是一個尊重勞工，確實打破階級意識的國家。

專業至上，尊重證照

德國人尊重專業、知法重法尤其表現在國家認證上。幾乎所有的職業都必須有國家認可的文憑、認證或執照，而這些文件發放的前置作業除了專業訓練，就是教你在工作範圍內應該知道的相關法規。像是結帳人員就必須學習數學、金融法以及勞工法之後，才能夠實地操作結帳。這也顯示出他們注重專業，相信國家

① 我的德國公公每週必打乒乓球，持續了50年不變，假期裡還上山下海，健行遊泳都來。
②～⑤ 德國人重邏輯好辯論，從住居、隱私、寧靜到生活的各個角落都有法律規範。

認證，並藉此維持著這個國家一定的信賴度與穩定度。

他們也相當重視專利權，尤其在花費了無數精力投入研發之後。在2006年底公佈的一份研究資料就顯示，歐盟裡研發實力排名前20名的地區當中，德國一口氣就拿下了過半的11席，其中巴登弗騰堡邦和柏林更是包辦了全歐洲排名1、2，可見德國是一個怎樣對研發投入心血的國家。而為了維護這些心血，當然需要有周延的法律配套來支撐大局綿延。

養狗也有周全的法律

在德國養狗也有法規，狗主除了必須需繳稅，狗必須接受晶片植入，政府還規定所有狗都必須送往狗校「接受教育」。因此在德國的街道上看不見流浪狗，每家商店外頭卻都可以看到品行良好，蹲在門口乖乖等著狗主人購物出來的「德國優良家狗」。

德 國 人 把 森 林 當 國 寶 珍 愛

「黑森林」是德國最大的一片自然公園區域，這兒四時如畫，保留了完整的生態系統；德國人享用自然資源的同時，也不忘為後代留下這片珍貴資產。

①～③ 黑森林被德國人列為國寶級綠地。裡頭四季如畫，不論何時何處都隨時維持在一種唯美狀態。

德國列為國寶的東西可不少，但是其中最「黑」的一塊綠寶石，應該就屬於黑森林。

它以東北、西南向蜷伏在德國版圖西南角的巴登福騰堡邦（Baden-Wuerttemberg）內，全長約160公里，寬度由30到60公里不等。因為遠望漆黑而得名，林區傳統上以北、中、南3個區塊來劃分。南區面積33萬3千公頃被規劃成自然公園地，成為德國最大的一片集中林與自然公園區。整個黑森林涵括了13條河川，藍色多瑙河的左右源頭都蘊育在這裡。大湖有9座，蜿蜒潛藏在48座超過1千公尺的山頭裡，最高峰落在1493公尺的斐爾德山峰（Feldberg）。在冰河時期，黑森林據考證是完全被冰河覆蓋的。

四季如畫的自然寶藏

黑森林裡四季如畫，不論何時何處，落雪或微曦，裡頭迷人的生態都隨時維持在一種唯美狀態。西元4世紀的羅馬人就闖進過這裡，「羅馬遺蹟」至今依然可尋。當時的黑森林被稱作「邊界林」，應該是被當成地理上的邊界標誌。走進黑森林尋寶，森林溫泉一定少不了。其中巴登巴登(Baden-Baden)的溫泉療養尤享盛名，這也是歐洲貴族們從中世紀以來就喜歡舉家渡假的「權貴集中地」。直到現在到巴登巴登市中心晃晃，保時捷跑車密度之高，就像愛穿貂皮大衣的俄羅斯富婆一般，隨便可以在街上撞到。

德國人愛護黑森林除了基於歷史情結，也關係到環保意識。他們相信森林的存在讓上百萬種生物得以棲息之外，也是人類賴以存續的重要關鍵。據研究，森林供給人類氧氣、代謝二氧化碳、貯藏水分、防範洪潮、阻擋土石流、並提供人類所需的木製原料。但是全球目前一般人的森林意識都太低，濫墾、毀林、變更用地每分鐘都在發生。這樣下去是自己害自己，德國人非常擔心，還把這種擔心傳延下去。

颶風喚起森林意識

德國的「森林意識」在1999年12月26日之後更被具體喚起：就在大家都還沈醉在耶誕假期中，突然大風從西邊狂起，連斐爾德山頂的測風器都被吹壞，指針停留在212公里的時速上頭。這個名為「路塔（Lothar）」的颶風以最高259公里的時速侵襲而過，橫掃德國、瑞士與法國。隔天進森林裡一瞧，4萬公頃的災區枝葉倒，3千萬立方公尺的原木猶如海嘯過境，橫屍遍地！

1 林中教堂絕處立、斜頂木舍炊煙裊。黑森林裡頭盡是格林童話的夢境。

2、3 森林供給人類氧氣、防洪又擋土石流、並提供人類所需的木製原料。

4 全球目前一般的森林意識都太低，德國人藉著「路塔（Lothar）」颶風再度教育社會大眾。

這個重創對德國人來說一開始是驚愕，為了讓世代記取這個教訓，「路塔道」的天災遺跡被完整地保存下來。結合生態教育、旅遊、紀念與開源的構想，供民眾前來觀賞。德國人要藉此告訴下一代，自然天災就是這樣憑空而來，但這並不就是給環境處死，在循環不息的自然機制中，請你來看森林裡的動植物是如何「災後求生」，噩夢之後依然找得到出路存活下來。

生命的出路，黑森林做見證

德國人證明，在這場颶風之後，大自然出現了另一次生機。像是森林裡的蘑菇、蕈類、甲蟲、紅螞蟻等，就在腐木敗葉中找到了絕佳的住處與養料，繁殖率比過往都高。蕨類植物、花揪果、小冷杉、松、灌木也不甘示弱，力爭上游冒出頭。德國人在颶風之後發現了森林重生，還講出一番大道理來要子孫記住。德國人屬意的森林再造，絕對是反人力介入的欄杆水泥道，他們完全以大自然的「自我重生」為重，全力減少人為的濫情規範與干擾生態。

德國人的黑森林情結既深且重，還世代氾濫。但是只要你走進黑森林，你也會明白：綠坡無際眼前起、林中教堂絕處立、斜頂木舍炊煙裊、小鹿家族望遠搖。這裡是格林童話裡頭的夢境，隨處一站，轉身一探，都是明信片、畫報中的絕美鏡頭，只要來過一遭，你就會永遠典藏入記憶中。

黑森林確實是一塊稀世珍寶，難怪德國
人為它憂心，又代代鍾情。

德 國 人
回 收 垃 圾
成 資 源

愛護自然、珍惜資源的德國人眼中沒有真正的垃圾。民間自發的資源回收分類管道極為細膩，達到80%以上的垃圾都可以回收重新成為資源的地步！

① 德國人眼裡幾乎沒有「真正的垃圾」，分類回收還感激你對地球好。

② 德國居家垃圾分類細緻。

③ 還有德國人將廚餘拿去餵村鄰的養雞，瞧那些雞隻多肥壯。

德國人的節省個性一遇上垃圾分類，簡直就是天造地設的絕配。

連我在宿舍洗碗放水沖，都會被室友告知這樣太浪費水資源。原來德國人洗碗後是不再沖一次水的，他們直接就從泡沫裡拿出來擦拭乾淨收進櫥櫃裡。食物也有回收法，晚上的冷食通常是午間熱食的「再用」，譬如說熱火腿加馬鈴薯的中餐，到了晚上就有冷火腿夾麵包。連水都有人愛到山裡取山泉，在海德堡的山區宿舍後頭，這樣來取水的人家可不少，說是省水、山泉純又好。以這樣的精神來垃圾分類，可就真是「垃圾非垃圾，分類如操兵」了。

極為詳盡的垃圾分類法

德國一般垃圾可分為有機、塑膠、紙類、玻璃與電池。德國各邦採用的分類顏

色不同，各有分開的垃圾桶或塑膠袋，依住宅類型而定。垃圾桶原則上都是滑蓋式設計，丟垃圾時須把蓋子向上打開，鬆手後蓋子會自動落下。如此設計的用意在防雨水、蚊蟲入侵以及臭味逸出。這些長桶下面都裝有輪子可推動，好讓垃圾處理員可以推或拉到大型垃圾車前傾倒。

很多德國家庭自己在家裡的分類比政府的要求還詳細。像是我的德國婆婆，就會把使用過的塑膠袋、鋁箔包裝、保特瓶及鐵製品等分成初步與細部分類。很多德國人更直接將廚餘果皮等收集起來，不是拿去餵養雞鴨，就是貯存在自己花園的一角，等來春當施肥物。舊報紙、雜誌、信封、廣告紙與紙包裝為一類收集。厚紙箱通常會另外回收再當紙箱用。

特殊資源的回收法門

某些社區型的住宅因為大桶太佔地方，改採每戶分發大型分色塑膠袋來分類。這些塑膠袋須在指定的日期封口，放置在指定的地點等回收。如果是特殊類垃圾，照配給的塑膠袋用完了加袋是要另付費的。在德國租房子，有關垃圾的「分類學問」一定要在交屋時打聽詳細，以免造成失誤而讓社區受罰或垃圾工人「生氣罷工」。

玻璃瓶與電池的回收系統另有不同的管道：預付押金的玻璃瓶可將空瓶收集交回換取押金。瓶裝果汁或啤酒公司也都有這種類似的回收系統，送到各零售處都可接受回收。無押金的玻璃瓶必須丟進玻璃回收桶，按照顏色綠、褐、白等分孔回收。電池回收也有自己的桶裝，或是要買新電池時一起帶舊的出門，丟進電池賣家或超市的回收桶裡。

① 德國5、6年級生物學教科書的舊版本。

② 德國有人愛到山裡取山泉，說是省水、山泉純又好。

③ 德國垃圾桶原則上都是滑蓋式設計，蓋子可以向上打開並自動落下。

④ 我的德國婆婆廚房裡，平常就是這種一拉開就分類為三的垃圾桶。
最後頭黑色的是廢紙張，中間綠色的是丟廢棄塑膠袋製品，最外頭
用紙袋裝的是廚餘。

⑤ 很多德國人就在自己花園的一角貯存廚餘果皮，等來春當施肥物。

舊衣物、書籍、鞋子、家用擺飾等，德國也都設有定點的大型回收桶，上頭會標出為哪一個慈善機構而設、聯絡電話、註冊號碼等以備查詢。大型家具垃圾要看地區政府公告，在處理日當天才可以放到路邊。平常是絕對不能隨便丟放的，鄰居一報警你就等著接罰單了。或是等不到這個日子的，可以自己運到大型垃圾場丟棄，收不收費看地方看東西，有些對於電視冰箱等電器是要收回收處理費的，規格與價碼會明白貼在大門口。

超過83%的垃圾變黃金

德國生活垃圾回收率超過了83%，其中65%被再利用，18%焚燒變能源。不只是針對家用垃圾，德國對於建築垃圾也分類，從土礫、鋼筋到磚瓦都回收再用。在這裡垃圾回收是一種生活方式，購物自己帶菜籃或布袋，忘記了就用超市的產品紙箱自己搬回家。許多德國媽媽還會把所有禮物的包裝紙都留下，再利用去包裝。二手跳蚤市場也很流暢，可利用的舊物登報贈送或轉賣都很平常。

德國人把地球看成是一個大的循環系統，在這個國家裡幾乎沒有「真正的垃圾」。所有垃圾都是寶，還告訴你分類只對地球好。

德國中小學教科書傳承有一套

德國中小學到大學都是義務教育，而中小學的教科書更是「回收使用」綿延數代，既環保又節省資源，很值得學習。也就是除了自己需要使用的字典、地圖、作業簿本由自己購買之外，課堂上的教科書幾乎都屬於學校。在課本的首頁會蓋上學校行政章以及使用規則，像是不准在課本內畫圖畫線等，下頭的框格由學校填上哪一學年度的使用者與班別，該年度用完就歸還學校，由學校交給下一年度入學的新學生使用。只有在更換版本的情況下，這些教科書才允許最後一任使用的學生收下保存。

用德文暢遊歐陸

對台灣人而言，德國也許只是歐陸的一國，殊不知，德文對全世界有著極大的影響力！不僅超過1億人口使用德文，德文網頁數量也排名全球第2！

❶ 在歐洲，據說有超過1億的人口使用德文。

❷ 與德國人打交道，語言相當重要，這個民族本身認真，也特別重視實力。

歷史上的偉人如佛洛伊德、歌德、莫扎特、貝多芬、愛因斯坦等都說德文，在歐洲，據說有超過1億的人口使用德文。除了以德文當母語的非德國地區外，由於德國人愛出遊，即使只要往東歐、南歐、甚至土耳其等非德文當母語的地方走，觀光勝地說德文都能通。日本人還從19世紀開始，就將德文當成醫學語言來使用。這就難怪跟日本學醫的人聊起身體器官，他們全都可以用精確的德文來清楚表達。

講求規則紀律的語言

這一國的語言很能表現他們的民族性，像是在字典裡就找不到「僥倖」這個字；最通常的髒話不是用侮辱性器官來罵人，而是用酷愛乾淨的人所擔心的「屎糞（Scheisse）」來宣洩憤怒；他

們在每一個環節中抵制混亂，尊重秩序，所以經常把「一切都在規範中（Alles in Ordnung）」這句話掛在嘴邊說。

德文的結構，就跟德國人的脾氣一樣，很科學、講排序、要精確，還要求紀律完美。光主詞就好幾種，動詞視主詞不同必須變字尾，我、你、您、你們、我們、他們都要變。時態也不同，過去、現在、未來、虛擬式又得變。動詞的位置也不是沒規矩的，主句在第2位，副句就被調到最後1位。介係詞還有得變，在河邊、在屋裡、在上面、在下面……。最狠的是追趕跑跳碰的動詞過去式，還變得跟一般動詞的過去式不同。

我來德國的第1、2年都在當傻瓜，想要開口，腦子裡就急速轉動著千百種變化，用你用您，第3人稱分物或男、女，哪個動詞，動詞要怎麼跟著變字尾，時態也得顧及；及不及物，該不該加反身代名詞。

然後是主句或副句，介係詞用哪個、放哪裡。最恨的是冠詞，背名詞已經背得快死，偏偏還要背詞性，中性、陰性、或陽性，而這被拿來當主詞、受詞、第三格或第四格，字尾就都要跟著變樣子……。

德國人愛旅遊世界之冠

德國人愛出門旅行世界知名，主要是他們勞工法規定的年假就有1個月，休假還另外支付休假獎金，所以加上國定假日與週末，每年好好出門1、2趟一點都沒問題。由於出國旅遊是家庭休閒支出，有了勞工法的保障跟休假獎金的支持，全德國在這項花費的金額是年年成長。德國人渡假喜歡去有太陽的地方，曬得黝黑回來才有面子表示有「渡到假」。所以地中海岸的西班牙、希臘和義大利就成為首選，不想坐飛機的開著愛車出門都方便。德國人愛旅遊的個性，因此帶動了歐洲觀光業說德文的必須性，無論在東歐、南歐一帶，說德文都通行。

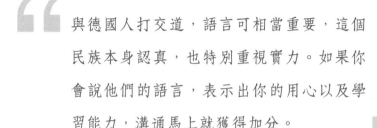

> 與德國人打交道，語言可相當重要，這個民族本身認真，也特別重視實力。如果你會說他們的語言，表示出你的用心以及學習能力，溝通馬上就獲得加分。

德語族群遍布全球

根據官方統計，不只在歐洲，從阿根廷、加拿大、美國、巴拉圭、巴西、喀薩斯坦、澳洲到南非，都有德語區住民仍然以德文為母語。在歐陸部份除了德國、奧地利的母語說德文，在瑞士、比利時、義大利、立陶宛、羅馬尼亞、俄羅斯、科羅埃西亞、盧森堡、烏克蘭、甚至法國的某一區域，德文都跟著部分族群以母語的方式存在著。而在荷蘭更有高達68%的人口說德文，在斯洛伐克、匈牙利、捷克、波蘭、丹麥也有超過50%的德語族群。

與德國人打交道，語言可相當重要，這個民族本身認真，也特別重視實力。如果你會說他們的語言，表示出你的用心以及學習能力，溝通馬上就獲得加分。像是俄羅斯總統普亭的德文流利，在外交上立刻就受到德國高層的特別禮遇。在聯合國、北約組織以及歐洲聯盟，德文也是官方的正式語言之一。而在許多國家的中學語言課程裡，德文與英文、法文旗鼓相當，都被當成必修或選修的第2重要外語。

在歐洲曾有Eurobarometer的研究資料顯示，說德文的人比說法文的人還多，多到每3個歐洲人裡有1個會說德文。這與跟德國人做生意有最直接的關係。而來歐洲旅行，更是明白德文通天下，只要你敢說。

網路世界的第3強語言

曾有調查顯示，德文一度在網路上是緊追在英文之後、最常被使用的語言。而根據W3Techs 2018年公布的調查，德文以0.1%之差被俄文追上，但仍是網路世界中的第3強語言。

Do	12.02.04	09.00 – 10.30	Holger Apita
Do	12.02.04	11.00 – 12.30	Ralf Kist
Do	12.02.04	15.00 – 16.30	Katrin Prach
Fr	13.02.04	10.30 – 12.00	Verena Dath
Fr	13.02.04	13.00 – 14.30	Martin Höhn
Fr	13.02.04	16.00 – 17.30	Anna Papazo
Di	17.02.04	11.00 – 12.30	Johannes B
Di	17.02.04	14.00 – 15.30	Stefan Bagh
Fr	20.02.04	11.00 – 12.30	Cornelia Kie

⑤

① ～ ③ 在歐洲德語族群遍布。

④、⑤ 在許多國家的中學語言課程裡，德文也被當成必修或選修的第二重要外語。

⑥ 德文的結構就跟德國人的脾氣一樣，很科學、講排序、要精確。

德 國 人
加 薪 延 假
鼓 勵 生 產

為了「增產報國」，德國制定了許多鼓勵生產的法律。父母不僅可獲得1年以上的假期，甚至還能加薪；育兒金更可以領到子女25歲！

❶～❹ 跟所有先進國家一樣，面臨著人口老化與生育率下降的問題，德國政府也不斷頒布新招鼓勵生育。

一整年讓你專心育兒

德國生育率據說已經降至二次世界大戰以來的最低，為了未來的退休制、福利制等經濟打算，德國政府在2007年起生效施行的新法規裡鼓勵「做人」，特別讓生孩子的父母親享有14個月的生育假。而讓選擇留在家裡照顧幼兒的父母親，最多還可以申請到1年的育嬰假，薪水照領原薪的2/3，直到1800歐元的最高限額。這是德國政府爭執已久，「用錢鼓勵生育」的具體施行步驟。

德國法律原先是有夫妻分攤36個月育兒假期的規定，但是申請者絕大多數是母親，到了公元2000年一算，都還只有不到2%的德國爸爸申請放這種假。社會學家當時就批評，說這是因為德國奶爸的休假補助太少。所以現在如果德國父親願意擔下至少2個月的奶爸工作，就可享有長達1

年多的有薪假期。父母同時申請長假也可以，各可享受7個月的帶薪假共享天倫。

生小孩就能加薪？！

新法更棒的是「多子就加薪」，當父母家中每多一名6歲以下的幼兒，就可享有10%的加薪優待。照顧幼兒還能申請彈性減少工時，如果每週減到30小時的工時以下，父或母親都還可另外申請增薪。德國政府還讓生育的父母可以將保母費申報為減稅項目，為多子多孫打造出一條黃金路。

在德國生孩子的福利不少，不但按人頭數給的育兒金(Kindergeld)可領到孩子18歲，連在德國有戶籍的外國人也都照發。另有12個月的雙親津貼(Elterngeld)、14週的產婦津貼(Mutterschaftsgeld)，連產檢、產費、住院費也都由保險支付，金補之外，像是懷孕到產後8週的生養諮詢、產後恢復體操10小時等，都有提供嘉惠產婦。

> 如果德國父親願意擔下至少2個月的奶爸
> 工作，就可享有長達1年多的有薪假期。
> 父母同時申請長假也可各可享受7個月的
> 帶薪假共享天倫。

生兒育女也是好工作

事實上，每一邦的額度會略有差異，依父母的收入以及孩子的歲數，育兒金的發放會有些微變動。像是以歲數來說，孩子從出生到5歲是一級，6~11歲是第二級，12~17歲是最後一級。而隨著孩子的成長花費更高，每一級會調漲給付額度，一級的漲幅約多出50歐元落入父母的口袋裡。

如果德國孩子在18歲之後繼續受教育而無法出去正式工作，那1983之後出生的孩子，育兒金的發放還可延長到其25歲（1981年之前出生的可以領到27歲，之間到1982出生的領到26歲），只要這個還在受教育的孩子打工兼差年收入不到7680歐元（約30萬7200元）。

我認識的很多德國女人，不管受多高的教育以及結婚與否，有了孩子都會自動把工作申請為半天，或乾脆辭掉照顧孩子，因為國家津貼不少又有孩子的爸在賺錢。你問她們為什麼不給別人照顧自己去工作？她們會很奇怪地問你說：「生了就是要自己養自己教，丟給別人養教何必生，又怎麼叫做『自己的孩子』呢？」即使很多公司都有臨時暫託的育嬰托兒設施，但是這些母親們就是會縮短工時，更因為德國小孩幾乎都上半天課，通常中午回家媽媽就一定在了。

是的，認真的德國人對於生教養育，當然也都是認真對待的。

重家庭的德國人

德國人重視家庭，認為家庭是一個具有隱私、安全感與忠誠性的社會單位。我留學打工的德國辦公室裡經常是6點就到人，但是下午2、3點弄完8小時的工時後就走人。這些男人說，這樣的安排讓他們還有半天的時間跟家人相處，公私都兼顧。德國人的私生活是一個跟公務生活絕然隔離的地帶，同事就是同事，如果你不算朋友，就一輩子別想進入他們的私生活領域中。

① ~ ⑤ 在德國生孩子的福利不少，育兒金按照孩子的人頭數給，連外國人都照發。

PART SIX

DIE UNTERHALTUNG

德 國 人 的 樂

街頭藝術
上路就開心

來到德國一定要做的「大街享受」，就是駐足觀望街頭的表演藝術。這些貝多芬、巴哈跟華格納的後代不用豪華的劇院或舞台，隨處一地就可以展現風采。不只是各式樂器的音樂演奏，默劇表演也很精采。

縈繞街頭的藝文活動

進入德國，只要有藝術表演者在，即使街頭寒冷，溫馨與文藝就縈繞著大街小巷。夏天當然是街頭藝術的大旺季，但是冬天也不差，只要不下大雨颳狂雪，當街彩繪、大小提琴、豎琴、敲玻璃樂器、甚至彈鋼琴、拉胡琴，連唱聲樂都不缺。偶爾還碰得上南美人吹簫、蘇格蘭風琴、蒙古人低音團或俄羅斯舞蹈。這是路上的節慶，你只要站著看聽，就可以感受歡樂的氣息。

「靜止人」絕技親身體驗

根據我在德國流竄的心得，最強的一項街頭演技應該是呆立不動、粉妝全身的「靜止人」。他們一身白、銀或全金，有若雕像般地靜止聳立，不小心看，你會真

只要不下大雨颳狂雪，
街頭藝術、音樂表演，
連唱聲樂都不缺。這是
路上的節慶，你只要站
著看聽，就可以感受歡
樂的氣息。

的以為那只是雕像，直到有人投了錢幣，雕像突然動了起來才嚇到你。

默劇跟表演者的出道功力很有關係，我看過最棒的有兩場，一場就在學生城弗來堡。這一位默劇表演者穿得像是丑角，臉上抹著白，整個市中心都是他的表演場，任何身邊即刻發生的細節，都可以被他當成素材融入表演中，從對他狂吠的大狗、剛好進城的電街車、圍觀吸指的孩子到席地而坐的龐克。

只要是這位表演者一出現，路上的圍觀人群絕對是多到寸步難行，爭先恐後掌聲不斷。電街車對他按鈴警告要讓路，他還表演出拔河拉電車的吃力姿態，弄得駕駛員都搖頭大笑。最後通常是交通完全堵塞，直到警察前來。而被警察逮捕的表演者，居然還拿出口哨來吹警告，弄得連警察都一邊笑。而他被架起的空中揮手，兩腳懸空的再見姿態，

更是引起觀眾最大的譁然，口哨、掌聲久久不散。

隱身各大城市的精彩表演

弗萊堡位於德國西南角，經常看得到水準很不錯的街頭表演者。有些還是音樂學系的學生，到市中心拉給路人聽順便練習兼外快。有一兩隊來自蒙古的演奏團，似乎到了弗來堡就留下來，只要到了週末時間就老聽得到蒙古調的演唱與音樂。有一陣子還常出現一個十來歲的小男生，氣質害羞一身簡素，但小提琴卻拉得異常動人。每當這個孩子現身街頭，聽眾似乎都難以離開他的魔音繚繞，獎勵因此也不少。德國路人對於這種捐獻都很捨得，贊助有天份的繼續拉琴或演出，娛樂造福世人。

慕尼黑市中心的瑪麗安廣場也有不少難忘的藝人，最厲害的是一位默劇模仿者，他一度老在奧古斯汀酒館前「演出」。方式很特別，一開始我也沒注意到，直到發現群眾老是瞧著一個方向發笑才驚覺。這位老兄的舞台就在徒步區上的路邊，抓住某個路人的特徵，就跟在後頭模仿起來，維妙維肖加點誇張，你馬上就可以發現這傢伙是個天才演員。被模仿的人通常是感受到群眾的眼光與笑聲後，四下張望才突然發現他。只要被發現，他就立刻轉移目標。

不過，「後路」走多了難免出紕漏，一次閃避不及，跟一位被模仿卻突然回身的美男子撞個正著。這位男士「被玩了」挺不爽，也可能以為這傢伙意圖不軌，眉頭一皺就說了幾句，沒想到搞笑先生嘴一抿，立刻很委屈地裝起哭相，還伸手掏出胸前口袋裡的紅牌，迅速拿起口哨，大演

一場足球裁判「舉牌吹哨」宣判出局的誇張樣。所有觀眾譁然笑翻，包括我都忍不住大聲鼓掌，給他當靠山。

①～⑦ 來到德國一定要做的「大街享受」，就是駐足觀望街頭的表演藝術。

天體裸裎
與陽光
肌膚相約

德國四季分明，冬長陽光少，憂鬱遍地，於是在綠地很多的德國大小城市裡，只要陽光一現身，德國人就可能馬上迫不及待地，要與陽光肌膚相親。

我認識的德國人有開放有含蓄，含蓄的去曬太陽當然就必須穿上比基尼，遮遮重要地方。但是無論怎麼穿，他們都不願意放棄與陽光肌膚接觸的機會。夏天的重要計劃之一，就是曬太陽去。打電話找朋友找不到，去他家附近的公園地上翻一翻，找到的機率就很高。連教授都可能提早15、20分鐘下課，要我們趁著大好時光，去曬太陽！反正一有陽光還待在屋裡，就要小心德國人說你不健康，還一邊催著你快出門哪！

四季分明的德國，雖然因為地球暖化而讓夏季更熱、冬季也沒有過去寒冷，但是冬天從10月到隔年的4、5月畢竟還是經常的事情。冬天既長，又少見到陽光，使人倍感憂鬱。於是在綠地很多的德國大小城市裡，不論小溪旁或公園中，只要陽光一現身，被冷冬悶瘋的德國人就可能馬上迫不及待地，要與陽光肌膚相親。

回歸自然一直是德國天體文化者的奉行守則,這跟藝術或色情都搭不上關係,就是把人體當成自然的個體,特別是當陽光眷顧時,在公共空間來點衣不蔽體的解放而已。

裸體聚會成風潮

慕尼黑浩大的英國公園就是春夏天裸體聚會的好地點,男女老少遍躺河邊一地,景觀真正是「自然到不行」。回歸自然一直是德國天體文化者的奉行守則,這跟藝術或色情都搭不上關係,就是把人體當成自然的個體之一,特別是當陽光眷顧時,在公共空間來點衣不蔽體的解放而已。

除了開放的公園、溪邊等公眾空間,德國鄰居的「居家活動」之一,就是穿著比基尼在隔壁陽台或後花園中曬太陽,不小心瞄到可別驚慌。有些家長還會在渡假時帶著孩子到天體營去體驗,一住2、3個星期,裡頭的任何人都絕不穿衣,不管是烤肉、郊遊或拜訪鄰居,就在大自然裡與陌生人徹底「相見到底」。

曬太陽可治百病?!

「美白概念」在德國毫不盛行,「黑得健康」才是美夢在心。不管是憂鬱症或皮膚病,德國醫生最愛叫你去多曬太陽。德國朋友告訴我,天體文化粗分為「裸體主義(Nudismus)」、「自然主義(德文Naturismus)」與「身體解放文化(Freikoerperkultur,這就是俗稱最響亮的FKK)」。裸體主義據說強調的就是「表達裸體意識」,在家中也不穿衣服。自然主義者在家裡穿不穿衣服都不重要,反正那只是一種附帶的行為。「FKK身體解放文化」原則上代表的是裸體主義者的群聚或族群,在德國有為數不少的FKK聯誼會、組織或社團,全都是裸體主義者的大集合。

① 德國人喜歡在居家設計出可以曬太陽的陽台或花園，春夏全家一起與陽光親近。

② ～ ④ 找地方曬太陽，是德國人最喜歡的休閒活動之一。

奉行自然，裸體為手段

　　喜歡思辯與正確考據的德國人會告訴你，自然主義者相信心理與生理都可以在大自然中得到紓解。他們用各項體能活動來激發創造力，企圖藉著群體裸露來突顯自信、尊重大自然並重新思考自然與人類的關係。集體裸露讓人覺得回到大自然，以此來平衡與解放人類日常生活的緊張性，而這些緊張全都來自於今日社會過多的禁忌與挑釁，他們相信裸露方式才是最簡單、健康與真正的人性。

　　這類似於一種信仰，相不相信只是一念之間，心理的運作而已。只不過德國人的信仰可會付諸實行，他們不是那種「只信不做」的民族。像是對某些具有社會意識的自然主義者，就確實相信裸露在大自然裡，可以將人類的生活與自然的步調相協調，讓皮膚真正體會到風雨雪日陰晴圓缺。他們還強調，所奉行的是整個生活的型態主義，集體裸體只是其中「體會自然」的方式之一而已！

　　在今天的德國，天體文化就是健康文化中的一環，雖然健康派與反倫理派兩大陣營依然爭執不下，但是陽光一來誰理它，趕快去跟陽光「裸體相約」才是正經大事呀！

歷史悠久的天體文化

德國「身體解放文化」的歷史悠久，最早可以追溯到1900年的一份「生活改革」報告書，目的是從飲食、穿著、住家、健康與健身來革新生活之外，還結合了醫學上的「自然療法」來維護健康。也就是在18世紀末就有人提倡在太陽、空氣與光線中沐浴，認為因此會得到意想不到的健康效果，而身體裸露在當時就得到了「最為自然」的封號。

天體文化的概念是到第一次世界大戰之後才出現正式的定義。奉行者認為這是「符合風俗的自然生活方式」，用之對病態社會製造的病態生活所做的一種反抗。而反對者則大聲抨擊，說這根本是違反善良風俗與道德文化的造反。FKK運動在威瑪時期開始蓬勃，到了威瑪末期，文獻上已經有10萬個天體組織的成立！納粹時代初期全面禁止，二次大戰後西德政府又開禁，之後居然逐步發展成不只是渡假才有的權利，連同時期的東德都沒有放棄這種文化的演進。

德國人享受野生採集樂趣

德國人很注意住宅附近的森林裡，可不可以砍木頭來燒火？採梅子來做果醬？收蘑菇來拌沙拉？摘栗子來烘蛋糕？這是健康生活的表徵，一家都出動更是闔家高興的親子樂。

❶、❷ 在自己的汗水中體驗成果總是成就感斐然。

把森林當自家廚房

到自家附近的森林採拾野味，在自己的汗水中體驗成果總是成就感斐然。只不過有些活動可要注意官方執照，像是砍柴或收集木頭就不是隨便人家都可以做的。據說要登記核准之後才能到森林裡去「當木工」。但是採採蘑菇、摘摘藍莓就不需要如此大費周章了。森林不只是散步的綠地天堂，不少人家還把它當成是養料的季節供應站。德國人喜歡將自家花園的栽種擴大到森林裡的採收，除了接觸大自然，更有著「不勞而獲卻又自食其力」的豐收感。

親手採集四季野味

像是長相跟台灣韭菜完全不同的德國韭菜，吃起來沒那麼辣，在德國的春天4月

就很容易摘到。留學時在德國吃
不到台灣韭菜，每到這個季節學
生們就會相約去摘，清炒、水燙
或包韭菜水餃，用味覺解一下鄉
愁。德國人的果蔬市場上也會賣
這種韭菜，但是他們拿來做沙拉
吃，味感也很特別。

　　夏末可以摘的是各種果實，草莓通常是
自家種，而小紅莓、黑莓、藍莓等就可以
摘野生。不少德國人根本等不到摘回家，
站在莓子樹叢前就一邊拔一邊往嘴裡放，
還一邊討論哪一頭的陽光多汁味甜些。磨
菇也是在這種時候採收，但是這可需要專
家指導了，聽說顏色鮮豔的一定不要摸。
動物吃啃過的大概都可以，牠們可比我們
聰明。

　　秋末的天大好事呢，就是等栗子掉落。
很多栗子樹高又大，一株都有7、8層樓
高，而松鼠當然比你棒，牠們爬上爬下已

經開始忙著為冬天藏糧。人們這個時候就
是到樹下，等不及的會拿樹枝往上丟，強
迫栗子落。但是有經驗的德國老人家會告
訴你，要等它們自己落下來的才夠甜味
呀。真的不必急，隨著冬天的腳步催進，
葉子一掉栗子就像下雨般，一刻也停不在
樹梢的。

　　泥地中翻找的隨意，驀然回首又一顆的
驚奇，採栗子是秋末冬初最快樂的事情，
1年也就這麼一次，還通常2年才有一次好
果。而豐收不僅在果實，也在與大自然交
會的感受。

> 德國人喜歡將自家花園的栽種擴大到森
> 林裡的採收，除了接觸大自然，更有著
> 「不勞而獲卻又自食其力」的豐收感。

德國採栗初體驗

　　我被告知的栗子有兩種，一種是人不吃
的馬栗，一種是人吃的普通栗子。兩者長
相其實挺像，不小心辨識很容易搞錯的。
要分辨馬栗與普通栗子，外殼首見高下。
馬栗的殼雖然也綠，但是刺明顯少多了。
當然綠色的外殼在泥地呆久了都會變色，
不是深泥色就是褐色，端看它們落地多久
而定，不要在地上只找綠色殼。

　　而栗子落在地上的狀態也有二，一種是
還包在殼裡頭，你要自己把栗子救出來。
可是栗子的包殼是綠刺很茂密的，也就是
你要小心手被刺到。另一種是栗子果實已
經熟到太重，耐不住地心引力的誘惑就自
己從樹頭掉下來落地，把外殼遠遠拋在樹
梢。所以我撿栗子時一聽到有落地敲擊
聲，往那裡一瞧通常都會有不錯的收穫。

　　除了外殼不同，馬栗跟普通栗子的果
實其實也很不一樣。首先是外紋不同，馬
栗的果實光滑無紋，普通栗子果則有一條
條的紋路。再來是屁股的長相也不同，馬
栗跟普通栗子的屁股光滑度跟顏色都不一
樣，對照一下立分勝負。當然，馬栗跟普
通栗子的葉子也不一樣，但是它們通常遠
在天邊，掉下來的也被泥地弄得面目全
非，所以分辨起來可不是最有力的佐證。

1 德國韭菜長相跟台灣的品種完全不同，吃起來也沒那麼辣。

2 德國人很注意住宅附近的森林裡，可不可以砍木頭、採莓子、摘栗子等等。

3 人不吃的馬栗長相如此，外殼雖然也綠，但是刺明顯少多了。

4 ～ 5 可吃栗子的包殼是綠刺很茂密的，有些果實自己會跳出殼，有些還要等人來挖。

啤酒花園
人際廣場

啤酒花園是德國的一種全民共識。
那裡是夏天的人際廣場，不一定要
動嘴皮子說話，光是酒精配上陽
光，人生就一片光明遠大！

① 德國啤酒花園絕對不能有屋頂，最好還綠蔭繚繞、伴著盛花鳥語。
② 只要擺了木頭長桌椅的餐廳或酒店，就可以通稱是啤酒花園。
③ 慕尼黑第2大的傳統啤酒花園就在英國公園裡的中國塔前頭。

原野綠地，啤酒聚會去！

　　德國人想喝啤酒，在夏天是不能不理陽光的。所謂德國的啤酒花園，就是把喝酒吃飯搬到外頭去，絕對不能有屋頂，最好還綠蔭繚繞、伴著盛花香鳥語。通常只要看到門口擺了木頭長桌椅的餐廳或酒店，就可以通稱是附有啤酒花園。而有些像是城堡綠地、公園節慶、名流廣場的特殊地點，更是只到夏天才真正上演這類型的酒精花園，它們不附屬於任何的餐廳或酒店，規模大很多，一眼望去可以浩浩蕩蕩上百桌。

　　例如慕尼黑北郊區的「歐柏徐萊斯罕城堡（Oberschleissheim Schloss）」，每到夏天就會在城堡花園裡頭擺上數百張木桌陣營，搭上旁邊的幼兒遊戲區，讓附近的人談生意、寫論文、蹓孩子都集中到那裡，成排的大樹下只見吃喝愉快的人群。

　　許多啤酒花園是允許你可以自己帶食物去野餐的，像是歐柏徐萊斯罕城堡就是一例。這種花園更吸引家庭族群，一天玩下來大人小孩都盡興。

一切自助好盡興

　　啤酒花園的特色之一是自助式，自己買酒、挑位子，甚至自己收拾。許多啤酒花園還有自己的招牌菜，像是烤魚、香腸、滷豬腿或沙拉，你一進去就可以看到或聞到了，根本不必用到點菜單。典型的配套餐點是烤或滷帶骨的豬大腿肉，佐上酸白菜與大圓馬鈴薯丸。啤酒花園裡頭的醃白蘿蔔可以試試配啤酒，挺辣的喔。花捲麵包呢，上頭的大顆粒鹽巴是用來烘烤的，如果不喜歡吃那麼鹹，進口前可以全部都剝掉，不然你就可能渴到啤酒喝不完了。

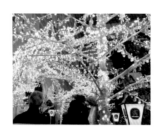

在啤酒花園裡你可以暢飲
「德國啤酒純淨法」釀製的
德國專製好酒：只混合天然
水、麥芽、酵母與啤酒花，
決不添加任何化學或非天然佐料來增加口感。

在這裡你絕對可以暢飲到受「德國啤酒純淨法」所維持純度的德國專製好酒。德國人從1516年就誕生了這道法規，還一直以來都是該國驕傲其啤酒「絕對純正」的品質保證。法規中強調德國啤酒只能混合天然水、麥芽、酵母與啤酒花，決不添加任何化學或非天然佐料來增加口感。純正德國掛牌的啤酒高達4千多種，在各個啤酒花園裡通常都有自己專門釀造的啤酒。如果進了這塊園地，你可能會聽到德國人談起日本、美國等外國啤酒，最容易冒出來的一句話就是：「那有添加化學佐料，不夠純喔！」

四季都可以逛的啤酒花園

這種令人流連忘返的好地方，冬天到了就沒了嗎？喔，不。變出陽光好天是沒法，但是來個「室內型啤酒花園」，德國人還是輕鬆就辦得到的。慕尼黑市中心的霍夫部洛酒館（Hofbrauhaus）四季供應著遊客花園啤酒屋，裡頭3層樓高，1杯1公升的「瑪斯」（Mass）大酒「杯」與啤酒花園如出一轍，可以讓你對撞到爽不破杯。要不就乾脆找個德國道地的小酒館（Kneipe）喝兩杯，一樣暖透胃腸驅寒意的。

德國人對啤酒的喜好不同，有人堅持德國啤酒，也有年輕人愛用比利時的水果啤酒，口味相當個人化。有人會為了某種啤酒而去特定的啤酒花園，也有人以氣氛、環境、是否適合帶孩子或狗去來挑選。為了上啤酒花園可有人願意開車子長途跋涉，也有人卻偏好居家附近的散步之後飲一杯。

翻開啤酒花園的歷史就明白，這是19世紀原創於巴伐利亞邦的產物，難怪到了德國南邊一瞧，啤酒花園四處一地任你挑。舉世聞名的慕尼黑10月啤酒節，更是啤酒花園擴大成節慶的具體表現。

① ～ ④ 許多啤酒花園有自己的招牌菜，從烤魚、香腸、酸白菜到沙拉 任你點到飽。

⑤ 慕尼黑市中心的霍夫部洛酒館四季供應著遊客花園啤酒屋。

⑥ 德國道地的小酒館喝兩杯，一樣暖透胃腸驅寒意的。

⑦ 純正德國掛牌的啤酒高達4千多種，加上進口的會讓人挑到頭痛。

德 國 市 場
花 樣 多

每個國家的市場都是其民族與文化的反映。德國種類繁多的各式市場，不只容納了最新鮮的農漁產品，連舶來品、二手貨等，也都一網打盡！

❶ 柏林果蔬市場裡的賣菜年輕人身手可俐落。
❷、❸ 醃芥茉大瓜以及醃蒜頭黃瓜可都是德國果蔬市場中的搶手貨！

德國的傳統市場通常都在教堂前廣場，幾世紀以來的石道磚牆可能都沒有變化，只有穿梭的人群不一樣。這裡頭從食衣住行到交易舉止，每一點滴都透露著德國人幾百年來的生活文化。

這些傳統市場不一定每天開張，有的只在週六、有的定期週三、四來。即使是傳統市場的擺攤，它們的出現依然準時、乾淨又整齊的。找到這種地方就找得到當地特產，從食品到手工製衣。來到這裡晃，保證你找得到所有德國傳統的精華。要提醒的是，這些傳統攤位可是準時收攤的，晚到請您下次早點來。收攤的奇觀是攤主們會把廣場上自己的攤位收拾的一塵不染，撤走攤位之後的廣場，你一眼望去很難想像幾個小時之前人聲鼎沸、生意交錯的繁華。

> 傳統市場不一定每天開張，找到這種地方就找得到當地特產，從食品到手工製衣。來到這裡晃，保證你找得到所有德國傳統的精華。

嘗「鮮」，來市集就對了！

傳統市場就是賣鮮，而這個新鮮呢，德國人就會要你付出高一點的價錢。從麵條、花卉、糕點、麵包、蔬菜、水果、黃瓜蘿蔔醃製品到草藥，所有賣家大多強調是自產直銷，鮮嫩剛摘或現做，最好當晚就入口，一路新鮮到腸胃。德國傳統市場跟超市的差別在沒有加工包裝，你要多少直接說，攤主立刻會為你秤重，然後包在紙袋中，放入你的菜籃裡。這裡絕對沒有塑膠袋的供應，環保之綠在傳統市場中自然是首要之舉。

一些傳統市集「基於傳統」，也可能演變成每日的市集，像是慕尼黑市中心的維克圖阿立安市場（Viktualienmarkt）。那裡頭什麼都有，從海鮮到蔬果，義大利麵條到土耳其蒜頭，現烤香腸攤、啤酒花園的人潮更是多。一些超市裡從來沒供應過的海外產品或自製點心，到這裡都找得到足跡。

德國跳蚤市場當然也要去逛逛，如果你知道地方。這些轉售二手東西的地方，可能會在事前發傳單或是張貼時間地點。也許還分種類，二手唱片市集、二手衣物、二手傢俱、二手腳踏車等，或是大雜匯通包所有。跳蚤市集的「古蹟性質」自然比專賣生鮮的傳統市場更龐大，識貨的人在那裡頭尋寶就不只是實用目的了，轉賣差價的荷包都可能很豐收的。

德國超市奇景

德國的超市有分成百貨公司附屬超市，以及專門超市的差別。百貨公司的附屬超市通常價位高一些，進貨的種類卻較多，偏好外國製品的可以在那裡發現奇貨。專門超市依賣場、品牌會出現明顯的價位之別，像是橫掃全歐洲的ALDI就是走低價位路線。裡頭的賣場簡單貨多，算帳小姐更是購物結帳的最高潮，她們不用掃描過物，而是目測手輸入，速度之快武功高強，絕對不是普通人都可以去ALDI坐結帳台的。

進入德國超市的奇景之一，就是看得到喜歡計劃的德國人，有超過8成是拿著紙條在購物的。有的甚至還拿筆在手，拿一樣畫去一條。德國人顯然連到超市跑一趟都不隨便。還不只是德國一般家庭如此，我住過的學生宿舍如果採取週末團購系統，冰箱或是食櫃上都會貼上購物單，發現缺什麼的人就去填上，每週輪購的值日生就會根據那張單子去買辦。如果學會德國人這種「具規劃性的生活觀」，其實非常便利於日常生活。也就是在生活小處就有一些習慣性的隨筆計劃，只是一張字條，缺什麼隨時記，一旦匆忙時抓著就可以出門，不必細想出門要補的是什麼，更不必擔心路上遺忘。」

德國的商店根據商店營業法規有很嚴格的營業時間限制，幾年來執政黨一直在保護勞工以及提高就業率之間，掙扎著是否該放寬限制。目前幾個大城市已經逐步放寬大型百貨公司的營業時間，但是許多商家還是在晚上8點就關門，週六日也不營業，尤其是小鄉鎮。所以德國人幾乎是沒有夜生活的，因為根本沒地方讓你天黑了還在外頭晃。早早回家，早早上床，第二天一大早再早早去工作吧！

1 德國超市的結帳小姐武功高低各不同，顧客等待的時間長短也因此差異大。

2 德國百貨公司的附屬超市通常價位高一些，進貨種類卻較多。

3 德國的傳統市場通常都在教堂前廣場，幾世紀以來可能都沒有變化，只有穿梭的人群不一樣。

4～6 傳統市場就是賣鮮，從麵條、花卉、果蔬到黃瓜蘿蔔醃製品，所有賣家多強調是自產直銷。

德國人泡澡養生的休閒文化

台灣人愛泡溫泉，德國人則把泡澡當成養生法寶。花樣繁多的各式浴泡法，從羅馬時代就大為風行，甚至讓德國冠上「世界澡堂」的名號！

❶、❷ 泡澡文化在德國結合醫學療養，一直都是民間熱愛的休閒與養生之道。

古羅馬開始的泡澡文化

泡澡文化在德國結合醫學療養，一直都是民間熱愛的休閒與養生之道。在有名的歐洲貴族泡澡聖地巴登巴登（Baden Baden，德文意思就是泡澡‧泡澡），到現在還都看得到歐美名流、王宮貴婦、阿拉伯大亨舉家妻妾一起前去渡假泡澡。一些澡堂還男女不分，在古歐洲的建築殿堂裡身體浸浴，眼睛還可以順便享受一下「天然人體」的樂趣。

德國的泡澡文化不只是泡在熱水中，三溫暖系統的冷水、蒸浴、泥浴等也都包含在內。歐洲的整個泡澡文明可以追溯到古羅馬希臘時期，當時就有了公共澡堂供大眾使用，除了潔身之外，也連結了社交意義。近期的泡澡文化多與療養地聯結，溫泉、天然湖浴都包含在內。自家建築私有的浴室設計，在歐洲直到20世紀才開始

普及。在這之前，要洗澡不是上湖邊溪畔，就是得到公共澡堂去。

泡澡療養祕笈

德國最古老的療養浴位在哈斯福特（Haßfurt）。其中天然溫泉地最受歡迎，被認為有特殊療效的還會以「奇蹟泉」來稱之。16世紀一度有不少的奇蹟泉口傳出來，吸引很多民眾前去朝聖療身。而一直要到18世紀初，德國才出現了真正結合泡澡與療養為目的的建築，稱之為療養院（Kurhaus）。

結合泡澡的療養院興起後，當時流行的就是「狂泡」，病患一天在水裡必須至少泡上10到12個鐘頭，好讓有療效的泉水深入「敞開的毛細孔中」徹底治療病痛。不只是德國，到現在還有不少的歐洲古畫作是以裸浴為主題，可見泡澡文明一度的風行。到了18世紀泡澡已經完全融入社交生活中，有些熟客甚至還組織起泡澡協會來共享樂趣，他們有著自己的泡澡儀式，還定期選舉出「泡澡王」來領導這種「健康組織」。

◎巴登巴登官方網站
http://www.baden-baden.de/en/index.html

世界澡堂黑森邦

德國黑森邦擁有26個天然療養泉的威斯巴登（Wiesbaden），是歐洲最古老的療養浴地之一，在1900年就奪得了「世界澡堂」的盛名。緊跟在其後的就是貴族最愛的巴登巴登。到了上世紀之末，德國不算入海浴（Seebad）的話，約有300個療養泉地供選擇，每年可以吸引約60萬泡澡客出現，光身享受療養休閒。

德國隨著泡澡文化也出現了「泡澡湖（Badesee）」的盛行。這可能是天然湖或是人工湖的地點，提供了附近住家一個類似渡假的天然環境，讓人可以隨時去戶外天然泡澡、日光浴或游泳。這種湖區的設施通常很完善，環湖的腳踏車或慢跑道、森林運動設備以及幼兒遊樂區通常都找得到。當然，人多的時候一定在夏天，冬天湖面結冰，你要勇敢入水「泡冰澡」，可要自己小心安全。

讓人泡澡泡到外頭去的泡澡湖，其實並不一定都允許全裸現身，但是女性上空則通常沒問題。到這種地方先探一下風聲或看一下標誌，有些湖邊會畫出天體營來，讓喜歡裸放的人集中到那裡去。否則男生還是要泳褲、女性要泳衣，以免小孩子跑來跑去問東問西。

不只泡，還可以喝！

由於泡澡的療養文化風起，還分支出現了「泉飲療養」的文化。也就是療養泉水不只是從皮膚滲透入身，還乾脆直接從食道喝進去。這種16世紀末就出現的療養理論，要人每天喝下15到20公升的泉水，若因為水有味道而吞不下去的人，還可以混牛奶或葡萄酒一起喝。17世紀開始，貴族就將這種泉水飲用風尚化，要僕人到泉地打水灌入瓶罐中，取回給雇主飲用。黑森邦有些名泉，一天可以被人灌走約2萬啤酒杯的分量。

> 德國的泡澡文化不只是泡在熱水中，三溫
> 暖系統的冷水、蒸浴、泥浴等也都包含在
> 內。除了潔身之外，也連結了社交意義。

❶～❸ 德國的泡澡文化不只是泡在熱水中，三溫暖系統的冷水、蒸浴、泥浴等也都包含在內。

❹～❻ 德國一些泡澡聖地風景優雅，還出售年卷讓人送禮，隨時去泡

到德國節慶市集找樂子

沒有夜生活又作息正常的德國人,就在各類節慶市集中抒發自己的精力,和想玩的心情。尤其年底的耶誕市集,更是全國一起瘋到不行的季節!

沒有夜生活又作息正常的德國人,要給生活多點綴一點色彩,就要靠節慶的來到,以及應運而生的節慶市集了。節慶市集通常非常地區性,看邦、看城市、看每年的哪個時間有建市慶、宗教慶等名目而定;而全國相當一致的大節慶,當然就屬年底的耶誕節,以及為之而生的耶誕市集。

多采多姿的節慶市集

德國的節慶市集可能有遊行、有表演,看地方的傳統而定。我德國公婆家鄉的諾以威爾鎮上,每年的節慶市集都在夏天,市長會選定最接近的一個週末舉行。這類市集的互助性與組織性非常高,鄉里男人組成的市鎮樂隊、教會合唱團、甚至學校的劇團都可能上台表演。到時會有攤位擺設賣東西,也可能由幾家主婦擔

在耶誕市集裡，有時還有「開市遊行」，讓人一開場就熱熱鬧鬧，在燈綵四散、樹香撲鼻、人聲鼎沸與熱食環繞的氣氛中興奮不已。

下午餐包桌的所有吃食，彈性很高，娛樂氣氛濃厚。

　　而年底的耶誕市集呢，在家家都要過節的情況下，商機已經高過自籌組織的境界。尤其是耶誕節之前的3到4週，要找人氣與溫暖，最好的方式就是上市中心廣場的大街看看。那裡有樂子、有熱飲、有熟人，歐洲年底冷悽悽，想要暖和一點終結年度，耶誕市集是少不了的「結業大慶」。我個人深愛著德國的耶誕市集。那種數大的歡樂與溫暖，象徵著1年的完美結束，不管你這1年過得多麼顛波受氣。

年度盛事——耶誕市集

　　在耶誕市集裡，通常會有耶穌的專用馬槽當景點。有些地方更慎重，還為耶誕市集舉行「開市遊行」，噱頭每年都不同，像是上噸的巨型蛋糕、上百個耶誕老人大會串、或是耶誕家庭拔河、蹓鹿比賽等等。讓人一開場就熱熱鬧鬧，在燈綵四散、樹香撲鼻、人聲鼎沸與熱食環繞的氣氛中興奮不已。

　　耶誕市集的規模大小通常視城市的大小而定，但是在德國不變的通則是臨時搭建的木屋群。德國人不用塑膠帳棚，一定都以木製小屋的型式搭配裝飾聚集而出。來到有耶誕市集的城市，通常下車看人潮就知道方向了。從柏林、波昂、紐倫堡、慕尼黑到弗萊堡，耶誕市集通常是半年前就被旅行社在歐洲各地大作廣告，到時候就會出現冬季最盛的週末遊。德國的耶誕節慶總在10月就暖身，商店開始搭建耶誕裝扮。11月聲光齊出，從收音機到各家店面，不想聽耶誕歌曲都不行，環顧四方都是耶誕氣氛的襲捲。12月初幾乎所有的耶誕市集就都開張，再冷的冰雪都封不住這股節慶的熱浪。

耶誕季節的特別飲食

在耶誕季節一定要嘗的飲料是熱甜酒（Gluehwein）。熱呼呼地冒著白煙，點上一杯暖手又暖腸胃。德國人在這種時候下班放學的快樂聚集點，就是大夥相約在耶誕市集的熱酒攤前。在這裡最容易看到笑容滿面的寒暄，即使氣溫零度，人們被大衣厚帽圍巾長靴層層包圍。熱甜酒的杯子還每年不同，應景應時間，會印上哪個耶誕市集與哪一年。有人是專門收集這些杯子的，買酒時已經預先付款，喝完就可以順手帶回家；如果不想要，也可以退回去將押金換回。

食物呢，在德國的耶誕市集裡一定聞得到煎油香，聞香尋地你馬上就找得到德國香腸。德國香腸的樣子很多樣化，長短不拘、胖瘦肥纖、紅褐棕黃、煎炸烤煮各色都有，咖哩的、藥草的，連味道都很有變化，可以夾在麵包裡，也可以放在紙盤上加蔥料，一旁都有芥末與番茄醬任你自由調味。

有趣的是，不同地區的耶誕市集還會有自己的特產，像是南邊的邦很容易就買得到一種熱薄煎餅（Flammkuchen），貌似義大利披薩，手製麵團上頭撒上細洋蔥與碎培根肉後，再澆上特製奶酪進火爐裡烤，口味真的非常好。來上一客配甜酒，不但耶誕味道濃到飽，德國隆濃冬的美麗也盡也在其中。

① 德國的節慶市集可能有遊行，有表演，看地方的傳統而定。

② 在德國的耶誕市集裡，撞見耶穌一家的專用馬槽是絕對必須的。

③ 在耶誕季節一定要嚐的飲料是熱甜酒。杯子還每年不同，應景應時間印上哪個耶誕市集與哪一年。

④ 德國的耶誕市集裡一定聞得到德國香腸，夾在麵包裡也可以放在紙盤上。

⑤ 德國南邊的邦買得到一種熱薄煎餅，手製麵團上頭撒上細洋蔥與碎肉後，再澆上特製奶酪進火爐裡烤，口味非常好。攤位前總是人潮。

⑥ 德國耶誕市集不變的通則是搭建木屋群裝飾聚集而出，不用塑膠帳棚。

⑦ 德國全國一致的大節慶就屬年底的耶誕節，以及應運而生的耶誕市集。

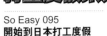

這 就 是 德 國 人
從食衣住行育樂了解德式生活

世界主題之旅
126

作　　者　　胡蕙寧

總 編 輯　　張芳玲
編輯部主任　　張焙宜
發想企劃　　taiya旅遊研究室
企劃編輯　　張敏慧
主責編輯　　林云也
特約主編　　王志光
封面設計　　林惠群
美術設計　　林惠群

太雅出版社
TEL：(02)2882-0755　FAX：(02)2882-1500
E-mail：taiya@morningstar.com.tw
郵政信箱：台北市郵政53-1291號信箱
太雅網址：http://taiya.morningstar.com.tw
購書網址：http://www.morningstar.com.tw
讀者專線：(04)2359-5819 分機230

出 版 者　　太雅出版有限公司
　　　　　　台北市11167劍潭路13號2樓
　　　　　　行政院新聞局局版台業字第五〇〇四號

總 經 銷　　知己圖書股份有限公司
　　　　　　106台北市辛亥路一段30號9樓
　　　　　　TEL：(02)2367-2044／2367-2047　FAX：(02)2363-5741
　　　　　　407台中市西屯區工業30路1號
　　　　　　TEL：(04)2359-5819 FAX：(04)2359-5493
　　　　　　E-mail：service@morningstar.com.tw
　　　　　　網路書店 http://www.morningstar.com.tw
　　　　　　郵政劃撥 15060393(知己圖書股份有限公司)

法律顧問　　陳思成律師

印　　刷　　上好印刷股份有限公司　TEL：(04)2315-0280
裝　　訂　　大和精緻製訂股份有限公司　TEL：(04)2311-0221

初　　版　　西元2019年06月10日
定　　價　　300元
(本書如有破損或缺頁，退換書請寄至：台中市西屯區工業30路1號　太雅出版倉儲部收)

ISBN 978-986-336-320-0
Published by TAIYA Publishing Co.,Ltd.
Printed in Taiwan

國家圖書館出版品預行編目(CIP)資料

這就是德國人：從食衣住行育樂了解
德式生活 / 胡蕙寧作.
— 初版. — 臺北市：太雅, 2019.06
面；公分. — (世界主題之旅；126)
ISBN 978-986-336-320-0(平裝)
1.社會生活　2.文化　3.德國
743.3　　　　　　　　108004342

填線上回函，送 "好禮"

感謝你購買太雅旅遊書籍！填寫線上讀者回函，
好康多多，並可收到太雅電子報、新書及講座資訊。

每單數月抽10位，送珍藏版「祝福徽章」

方法：掃QR Code，填寫線上讀者回函，
就有機會獲得珍藏版祝福徽章一份。

填修訂情報，就送精選「好書一本」

方法：填寫線上讀者回函，並提供使用本書後的修
訂情報，經查證無誤，就送太雅精選好書一本(書
單詳見回函網站)。

＊同時享有「好康1」的抽獎機會

這就是德國人

reurl.cc/L2GIX

＊「好康1」及「好康2」的獲獎名單，我們會
　於每單數月的10日公布於太雅部落格與太
　雅愛看書粉絲團。
＊活動內容請依回函網站為準。太雅出版社保
　留活動修改、變更、終止之權利。

太雅部落格 http://taiya.morningstar.com.tw
　　有行動力的旅行，從太雅出版社開始

太雅22週年慶

登錄發票，抽好禮，
首獎 CASIO 美肌運動防水相機
凡於 **2019.1.1-9.30** 期間購買太雅旅遊書籍（不限品項及數量）上網登錄發票，即可參加抽獎。

精緻好禮等你拿
抽好禮 登錄發票

CASIO美肌運動
防水相機
（型號：EX-FR100L）

首獎
3名

普獎
100名

M Square旅用瓶罐組
（100ml*2＋50ml*2＋圓罐*2）

掃我進活動頁面

活動時間
2019/01/01～2019/09/30
發票登入截止時間
2019/09/30 23:59
中獎名單公布日
2019/10/15

網址
taiya22.weebly.com

活動辦法

- 於活動期間內，購買太雅旅遊書籍（不限品項及數量），憑該筆購買發票至太雅22週年活動網頁，填寫個人真實資料，並將購買發票和購買明細拍照上傳，即可參加抽獎。
- 每張發票號碼限登錄乙次，即可獲得1次抽獎機會。
- 參與本抽獎之發票須為正本(不得為手開式發票)，且照片中的發票上須可清楚辨識購買之太雅旅遊書，確實符合本活動設定之活動期間內，方可參加。
  *若電子發票存於載具，請務必於購買商品時告知店家印出紙本發票及明細，以便拍照上傳。
◎主辦單位擁有活動最終決定權，如有變更，將公布於活動網頁、太雅部落格及「太雅愛看書」粉絲專頁，恕不另行通知。